中学入試

国語暗記分野3700

受験研究社

この本の特色と使い方

特色

この本は、中学入試本番までに覚えておきたい**漢字**や**語句**(慣用句・ことわざ、四字熟語、類義語・対義語、同音異義語・同訓異字)を**三段階でレベル分け**しています。**消えるフィルター**を使って何度も確認して、しっかり覚えることができます。

- **レベルA** ◀ **必ずおさえておきたい漢字・語句**
- **レベルB** ◀ **入試で差がつく注意したい漢字・語句**
- **レベルC** **難関校突破へランクアップの漢字・語句**

◆**ふろく**として、「**間違えやすい漢字・送りがな**」をまとめました。入試本番でのうっかりミスを防ぐことができます。

使い方

取り組むレベルを選び、消えるフィルターを使って学習します。

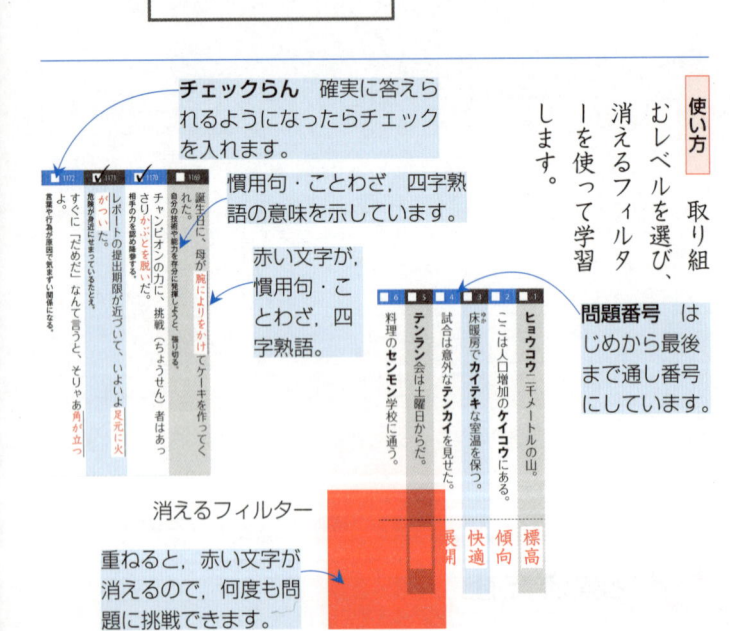

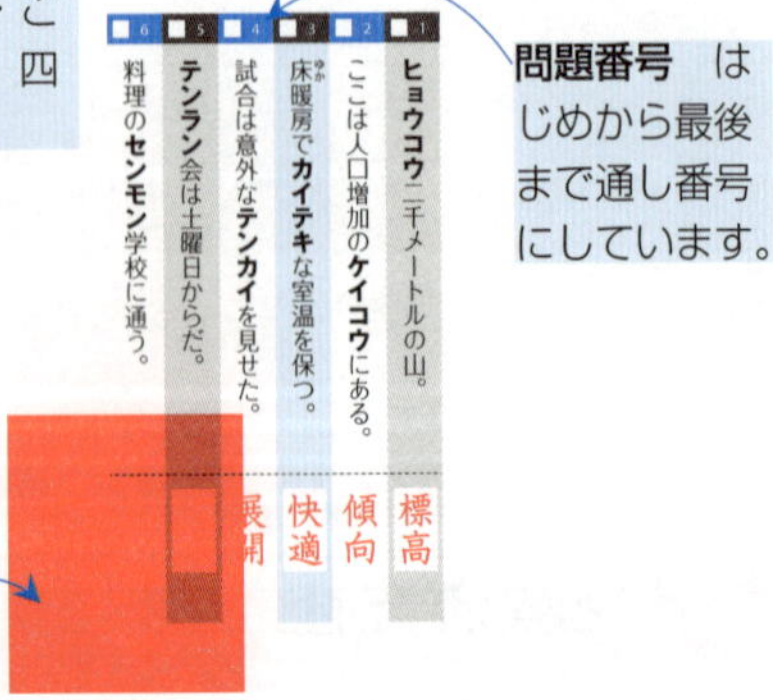

問題番号　はじめから最後まで通し番号にしています。
1 ヒョウコウ二千メートルの山。
2 ここは人口増加のケイコウにある。
3 床《ゆか》暖房でカイテキな室温を保つ。
4 試合は意外なテンカイを見せた。
5 テンラン会は土曜日からだ。
6 料理のセンモン学校に通う。
標高
傾向
快適
展開
消えるフィルター
重ねると、赤い文字が消えるので、何度も問題に挑戦できます。

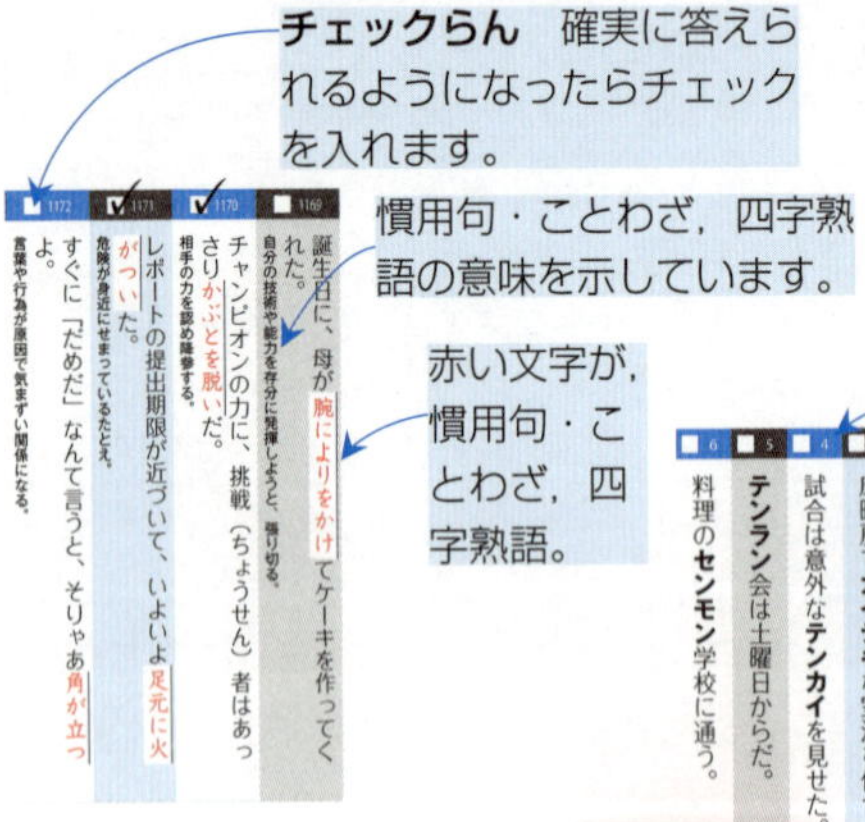

チェックらん　確実に答えられるようになったらチェックを入れます。
慣用句・ことわざ，四字熟語の意味を示しています。
赤い文字が，慣用句・ことわざ，四字熟語。
1169 誕生日に、母が腕によりをかけてケーキを作ってくれた。
自分の技術や能力を存分に発揮しようと、張り切る。
1170 チャンピオンの力に、挑戦（ちょうせん）者はあっさりかぶとを脱いだ。
相手の力を認め降参する。
1171 レポートの提出期限が近づいて、いよいよ足元に火がついた。
危険が身近にせまっているたとえ。
1172 すぐに「ためだ」なんて言うと、そりゃあ角が立つよ。
言葉や行為が原因で気まずい関係になる。

もくじ

レベルA
必ずおさえておきたい漢字・語句

レベルB
入試で差がつく注意したい漢字・語句

レベルC
難関校突破へランクアップの漢字・語句

1	**ヒョウコウ**二千メートルの山。	標高
2	ここは人口増加の**ケイコウ**にある。	傾向
3	床暖房《ゆかだんぼう》で**カイテキ**な室温を保つ。	快適
4	試合は意外な**テンカイ**を見せた。	展開
5	**テンラン**会は土曜日からだ。	展覧
6	料理の**センモン**学校に通う。	専門
7	一方通行の**ヒョウシキ**に注意する。	標識
8	珍《めずら》しい草を**サイシュウ**する。	採集
9	万が一に備え入り口で**タイキ**する。	待機
10	鏡で光が**ハンシャ**する。	反射
11	地震《じしん》も一つの自然**ゲンショウ**だ。	現象
12	蒸気**キカンシャ**に乗る。	機関車
13	この国では**ヒンプ**の差が大きい。	貧富
14	**ニンシキ**不足が事故を招いた。	認識
15	**セキニン**のある仕事をする。	責任
16	そんな話は**ナットク**できない。	納得
17	論文の**コウセイ**を考える。	構成
18	学校の**セツビ**を見学する。	設備
19	外国での**ケイケン**が役立った。	経験
20	車は一時**テイシ**してください。	停止
21	時間の**ケイカ**が速く感じられた。	経過
22	草食動物は**シヤ**が広い。	視野
23	がけくずれの**キケン**がある。	危険
24	校庭の土を**キンイツ**にならす。	均一

□ 25	その店は**エイギョウ**中だ。	営業
□ 26	宇宙の神秘を**ツイキュウ**する。	追究
□ 27	飛行機が**シカイ**から消えた。	視界
□ 28	冬に備えて食料を**チョゾウ**する。	貯蔵
□ 29	これは**テンケイ**的な日本建築の家屋だ。	典型
□ 30	遊園地の**カンランシャ**に乗る。	観覧車
□ 31	祖父の**イサン**を相続した。	遺産
□ 32	馬の耳に**ネンブツ**	念仏
□ 33	**インガ**関係を調査する。	因果
□ 34	試験の**ヨクジツ**に合格発表がある。	翌日
□ 35	中学の**セイフク**を新調する。	制服
□ 36	医師の**キョカ**をもらって見舞《みま》う。	許可

□ 37	オリンピックの開幕を**センゲン**する。	宣言
□ 38	体育の用具を**ホジュウ**する。	補充
□ 39	来客の案内は私の**タントウ**です。	担当
□ 40	**カンタン**な問題を先に解く。	簡単
□ 41	いろいろなことを言われて**コンラン**する。	混乱
□ 42	弟はサッカーに**ムチュウ**だ。	夢中
□ 43	**コショウ**したテレビを修理に出す。	故障
□ 44	仕事の**コウリツ**を上げる工夫をする。	効率
□ 45	遭難《そうなん》者の**アンピ**が気づかわれる。	安否
□ 46	**メイロウ**快活な子どもたちだ。	明朗
□ 47	昔の家並が**ホゾン**されている。	保存
□ 48	**キチョウヒン**を一時預ける。	貴重品

49	四角柱の**ソクメン**は長方形だ。	側面
50	大学が郊外《こうがい》に**イテン**した。	移転
51	今夜は**エンゲキ**を鑑賞《かんしょう》する。	演劇
52	渡《わた》り鳥の**チョウサ**をする。	調査
53	近道を**リャクズ**で示し説明する。	略図
54	弟の絵の腕前《うでまえ》には**カンシン**する。	感心
55	学園祭の**ジュンビ**で忙《いそが》しい。	準備
56	今日の**ベントウ**はおいしかった。	弁当
57	**オオゼイ**の人に見送られて旅立つ。	大勢
58	印刷前に文字を**シュウセイ**する。	修正
59	入学式は**コウドウ**で行われます。	講堂
60	より**キャッカンテキ**に物事を見る。	客観的
61	料理を**キホン**から教える。	基本
62	**テンサイ**は忘れたころにやってくる	天災
63	会えば**イガイ**に優しい人だった。	意外
64	外見ばかりで中身は**ヒンジャク**だ。	貧弱
65	台風が急速に**ハッタツ**する。	発達
66	命の**カチ**は何よりも重い。	価値
67	この国の都市は**チアン**がよい。	治安
68	不景気で**ショウバイ**も大変だ。	商売
69	筆者の**イト**があいまいな文章だ。	意図
70	白熱した試合に**コウフン**した。	興奮
71	水はセ氏百度で**ジョウハツ**する。	蒸発
72	**ゴサ**一秒以下の精巧《せいこう》な時計だ。	誤差

73	あなたに**イロン**はありませんね。	異論
74	**ジシャク**の針が北を指す。	磁石
75	その陶芸《とうげい》家《か》は今も**ケンザイ**です。	健在
76	彼《かれ》は今年も**タガク**の税金を納めた。	多額
77	事故防止のために**テンケン**する。	点検
78	日本の**カセン**は短くて急だ。	河川
79	大雨で冠水《かんすい》し作物に**ソンガイ**が出た。	損害
80	両親が**ガクシ**を出してくれた。	学資
81	主人公のその後を**スイソク**する。	推測
82	新しい雑誌を**カンコウ**する。	刊行
83	試合の**ハイイン**を分析《ぶんせき》する。	敗因
84	**キハツ**性の油なので保管に注意。	揮発
85	神社の**ドヒョウ**ですもうをとる。	土俵
86	私は早寝早起きを**シュウカン**にしている。	習慣
87	社会に**ユウイギ**な活動をする。	有意義
88	にわか雨に降られて**ヘイコウ**した。	閉口
89	この犬は人に**キガイ**を加える。	危害
90	あゆつりの**カイキン**時期がきた。	解禁
91	文書を**カイラン**してください。	回覧
92	父の**シドウ**で空手の練習をする。	指導
93	文章の途《と》中《ちゅう》を**ショウリャク**して読む。	省略
94	対角線が**スイチョク**に交わる。	垂直
95	私の技術はまだ**ミジュク**です。	未熟
96	火災の発生を知らせる**ソウチ**です。	装置

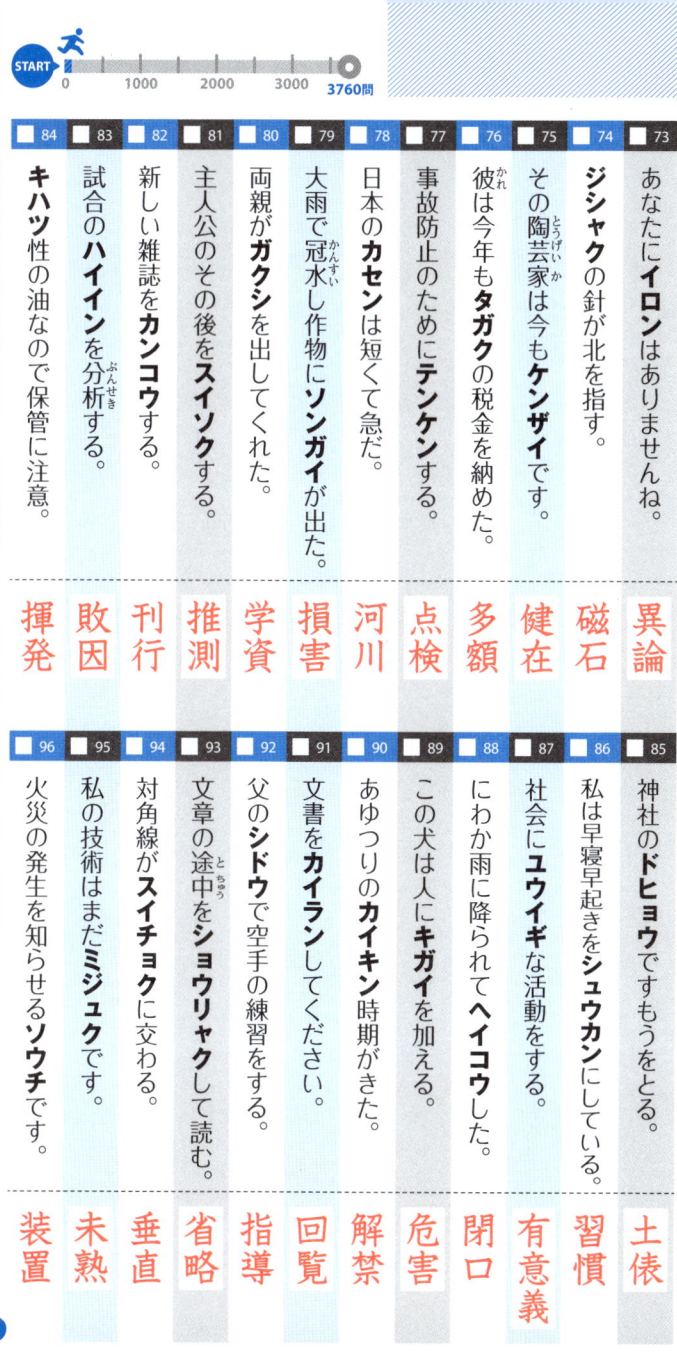

97	月に三冊は**ザッシ**を買う。	雑誌
98	**シュウギイン**の任期は四年だ。	衆議院
99	外国の果物を**ユニュウ**する。	輸入
100	「時は金なり」は有名な**カクゲン**だ。	格言
101	宇宙の法則は実に**フシギ**だ。	不思議
102	心臓**イショク**の手術が成功した。	移植
103	支持する**セイトウ**に投票する。	政党
104	五万人を**シュウヨウ**する競技場だ。	収容
105	**センデン**のためにチラシを配る。	宣伝
106	**コウシュウ**電話はめっきり少なくなった。	公衆
107	この詩には**ドクトク**の味わいがある。	独特
108	**シゲン**の浪費《ろうひ》はやめよう。	資源
109	あの先生の**コウギ**は生徒に人気がある。	講義
110	不公平を**ゼセイ**すべきだ。	是正
111	最大の**ナンカン**を無事通過する。	難関
112	近現代史に関する**コウエン**を聞く。	講演
113	遠くから**キテキ**が聞こえてきた。	汽笛
114	子ども**ドウシ**で仲よく遊ぶ。	同士
115	父が**チョウカン**を読んでいる。	朝刊
116	**サンソ**を吸って活動する。	酸素
117	燃料の**ホキュウ**のために寄港する。	補給
118	赤ちゃんの**ケツエキ**型が判明する。	血液
119	食品会社に**シュウショク**する。	就職
120	この話は**コウガイ**しないように。	口外

121	国連からの**キュウサイ**物資が届く。	救済
122	すぐに**タイサク**を立てよう。	対策
123	**ダンペン**的にしか覚えていない。	断片
124	首相がアジア諸国を**レキホウ**する。	歴訪
125	**キショウ**衛星による雲の映像。	気象
126	鉄は最も有用な**キンゾク**の一つだ。	金属
127	舞《ぶ》台《たい》に俳優が**トウジョウ**した。	登場
128	彼《かれ》の**リッパ**な人柄《ひとがら》が評判になる。	立派
129	クラスの意見を**ハンエイ**させる。	反映
130	ラジオ**タイソウ**を日課にしている。	体操
131	けが人の**オウキュウ**処置をする。	応急
132	**トウショ**の計画通りに実行する。	当初
133	**ヨクボウ**を抑《おさ》えることも大事だ。	欲望
134	チームはついに**ギャクテン**した。	逆転
135	読み取った**ナイヨウ**をまとめる。	内容
136	**ジッサイ**に歩いて距《きょ》離《り》を測る。	実際
137	とっさの**ハンダン**で事故を防いだ。	判断
138	友人の言葉を**ゴカイ**する。	誤解
139	たなの商品の**ウム**を調べる。	有無
140	犯罪の**ゲンショウ**に努める。	減少
141	本の**ヨハク**に走り書きをする。	余白
142	階段から落ちて**コッセツ**した。	骨折
143	今日は別件があり**ツゴウ**が悪い。	都合
144	仕事の**ヨウリョウ**を覚える。	要領

□145	今日は気持ちのよい**カイセイ**だ。	快晴
□146	仕事の**ブンタン**を決めよう。	分担
□147	**ソッセン**してお手伝いをする。	率先
□148	相手に勝つ**サクリャク**を練る。	策略
□149	工場の仕事は**タンジュン**な流れ作業だ。	単純
□150	俳優が恐《おそ》ろしい**ギョウソウ**をする。	形相
□151	全員が**ロウドウ**にかりだされる。	労働
□152	天地**ソウゾウ**の神々。	創造
□153	夏休みに**リンジ**列車が増発される。	臨時
□154	安売りセールで店が**コンザツ**している。	混雑
□155	苦労して実験を**セイコウ**させた。	成功
□156	写真のフィルムを**ゲンゾウ**する。	現像
□157	**トウヒョウ**日は次の日曜日です。	投票
□158	手紙を**ハイケイ**で書き始める。	拝啓
□159	チラシを通行人に**ハイフ**する。	配布
□160	湖を**ユウラン**船で巡《めぐ》る。	遊覧
□161	取り扱《あつか》いには**サイシン**の注意を要する。	細心
□162	数々の**ギョウセキ**を残した学者だ。	業績
□163	**グンシュウ**を前に演説する。	群衆
□164	心から**シャザイ**すべきだ。	謝罪
□165	図書館でのおしゃべりは**キンモツ**だ。	禁物
□166	兄はとても**オンコウ**な性格だ。	温厚
□167	**ニクガン**で見える星を数えた。	肉眼
□168	**キソク**正しい生活を送る。	規則

□169	到着《とうちゃく》時間は**ヨソク**できない。	予測
□170	低**キアツ**が近づき雨雲が広がる。	気圧
□171	髪《かみ》や目の色は**イデン**する。	遺伝
□172	これはとても**シンケイ**を使う仕事だ。	神経
□173	**ホウドウ**の自由を主張する。	報道
□174	姉はアメリカに**リュウガク**する。	留学
□175	国語辞典の**ヘンシュウ**にたずさわる。	編集
□176	**ゲイジュツ**品として残る作品だ。	芸術
□177	旅行の**ヒヨウ**をできるだけ節約した。	費用
□178	後半は我がチームが**ユウセイ**だ。	優勢
□179	**コセイ**のない人間にはなるな。	個性
□180	**ゲンミツ**な調査が必要だ。	厳密
□181	友人と**ソントク**ぬきで付き合う。	損得
□182	**ショウライ**は医者になりたい。	将来
□183	**シンカンセン**の開通で町が栄える。	新幹線
□184	父の車に**ビンジョウ**した。	便乗
□185	**イギ**ある学校生活を送りたい。	意義
□186	京都は世界的に有名な**カンコウチ**だ。	観光地
□187	**キョウリ**の北海道に帰る。	郷里
□188	地球環境《かんきょう》の**ホゴ**が重要な課題だ。	保護
□189	発熱で午後から**ソウタイ**した。	早退
□190	車の**オウライ**が激しい大通り。	往来
□191	人工**エイセイ**が地球を回る。	衛星
□192	**セイカク**な時間を知りたい。	正確

193	その場のふんいきを**サッチ**する。	察知
194	今までの**ジッセキ**が物を言った。	実績
195	**セイケツ**な衣服を身につける。	清潔
196	書物から知識を**キュウシュウ**する。	吸収
197	自然保護を**シュチョウ**する。	主張
198	キリスト教の**デンドウシ**の話を聞く。	伝道師
199	番組に必要な**シュザイ**をする。	取材
200	日本人は**キンベン**だと言われる。	勤勉
201	日本人の**ソセン**はどこから来たのか。	祖先
202	お年玉を**チョキン**する。	貯金
203	人より**ヨケイ**に練習した。	余計
204	あなたとは**カチカン**が違《ちが》う。	価値観
205	人間の**ズノウ**にかなう機械はない。	頭脳
206	このあたりは両親の**ジモト**だ。	地元
207	移民先に**エイジュウ**する。	永住
208	感謝を込《こ》めて**レイジョウ**を書く。	礼状
209	**エイヨウ**たっぷりの食事をとる。	栄養
210	持ち物の**ケンサ**をする。	検査
211	みんなの作品を**ヒヒョウ**し合う。	批評
212	彼女《かのじょ》は**シュウシ**笑顔だった。	終始
213	父は車で**ツウキン**している。	通勤
214	肺は呼吸するための**キカン**だ。	器官
215	今年の秋は天候が**フジュン**だ。	不順
216	外国へ行く**カモツ**を乗せる船だ。	貨物

217	いつもと違《ちが》う**イヨウ**な表情だ。	異様
218	古い意識を**カイカク**しよう。	改革
219	これがいま**ヒョウバン**の本です。	評判
220	自動車に関する**ゼイガク**を確かめる。	税額
221	**ハクランカイ**で各国の特産物を見る。	博覧会
222	その計画には**ギモン**点がある。	疑問
223	自分の力で**ウンメイ**を変える。	運命
224	**ジョウリュウ**した水を実験に使う。	蒸留
225	人生の**キュウキョク**の目的は何か。	究極
226	定期**エンソウ**会が開かれる。	演奏
227	日本一の高層**ケンチク**だそうだ。	建築
228	実験の**ケッカ**は予測できない。	結果
229	ここはキリスト教の**セイチ**と言われている。	聖地
230	友人**フサイ**を食事に誘《さそ》う。	夫妻
231	雨で運動会が**エンキ**になる。	延期
232	**フショウ**した人々を病院に運ぶ。	負傷
233	食品の賞味**キゲン**を見て買う。	期限
234	日本人は**ノウコウ**民族だと言われる。	農耕
235	混声合唱の**シキ**をする。	指揮
236	寒くても**セスジ**をのばして歩く。	背筋
237	思いがけない**ジタイ**にあわててしまった。	事態
238	**キョウコ**な姿勢を貫《つらぬ》く。	強固
239	子どもを交通**ジコ**から守る取り組み。	事故
240	バス停では**ジュンジョ**よく並ぶ。	順序

241	本番で実力を**ハッキ**するのは難しい。	発揮
242	先生は優しい**クチョウ**で話す。	口調
243	あなたの写真を**ハイケン**したい。	拝見
244	寺に伝わる文化財の**ユライ**を聞く。	由来
245	一年間の**ホショウ**書が付いている。	保証
246	事故車の**ハソン**部分を修理する。	破損
247	**デントウ**のある学校に通う。	伝統
248	全**ザイサン**を会社につぎ込《こ》んだ。	財産
249	真面目すぎて**ケイエン**される人。	敬遠
250	**ヨビ**の食料を用意する。	予備
251	学業に**センネン**する決心をした。	専念
252	突然《とつぜん》倒《たお》れて**イシキ**を失った。	意識
253	走者のゴールに**カンセイ**が上がる。	歓声
254	**キョダイ**な氷山が迫《せま》ってくる。	巨大
255	極秘《ごくひ》に**ドウメイ**が結ばれた。	同盟
256	火の**シマツ**をきちんとしてください。	始末
257	責任の**ショザイ**を明らかにする。	所在
258	**ネンガジョウ**のデザインを考える。	年賀状
259	中学生を**タイショウ**にした本。	対象
260	道路が**ジュウオウ**に走っている。	縦横
261	彼《かれ》は後ろから見ても**カッコウ**がいい。	格好
262	月の動きを**カンソク**する。	観測
263	工場で精密**キキ**を製造する。	機器
264	**オウボウ**なふるまいに怒《おこ》った。	横暴

265	友人の**チュウコク**を素直に聞く。	忠告
266	最低限度の生活を**ホショウ**する。	保障
267	交通規制が**カイジョ**された。	解除
268	有名な詩を**ロウドク**する。	朗読
269	家から学校まで**オウフク**する。	往復
270	明日で**ユウコウ**期限が切れる定期券。	有効
271	事故現場の惨状《さんじょう》が**ノウリ**に焼き付く。	脳裏
272	最初に**サトウ**で味付けする。	砂糖
273	**ブンカザイ**の保存を考える。	文化財
274	キャンプで楽しい**タイケン**をした。	体験
275	ライバル心を燃やし**イキ**盛《さか》んだ。	意気
276	一時間目の**ジュギョウ**が始まる。	授業
277	**ハッテン**途上《とじょう》国からの留学生。	発展
278	自分のものは自分で**カンリ**しなさい。	管理
279	それぞれの**ヤクワリ**を果たす。	役割
280	米の品種を**カイリョウ**する。	改良
281	混雑を**ショウチ**で遊園地へ行く。	承知
282	面積の**ソクリョウ**をする。	測量
283	社会人としての**ジカク**を持ちなさい。	自覚
284	堂々とした**タイド**で事に当たる。	態度
285	どれいの**カイホウ**に全力を尽《つ》くす。	解放
286	秋空に白い**ヒコウキ**雲。	飛行機
287	再審《さいしん》で無実を**ショウメイ**する。	証明
288	旅客機が太平洋上で**ショウソク**を絶った。	消息

289	米や麦は大切な**コクモツ**です。	穀物
290	作文のテーマを**ケントウ**する。	検討
291	**ヒミツ**の情報がもれた。	秘密
292	二人の**コキュウ**はぴったり合っている。	呼吸
293	セスナ機を**ソウジュウ**したい。	操縦
294	油断に乗じて**イッキョ**に攻《せ》める。	一挙
295	雨の日は外で遊べず**タイクツ**だ。	退屈
296	犬は色の**シキベツ**ができないと聞いた。	識別
297	かぜを予防する**チュウシャ**です。	注射
298	**イヒョウ**を突《つ》く質問にとまどった。	意表
299	先生は**ショクイン**室にいる。	職員
300	旅行中に**サイナン**にあった。	災難
301	科学**ギジュツ**の進歩は目覚ましい。	技術
302	**エイエン**に心に残る名曲だ。	永遠
303	難しくて**ケントウ**もつかない。	見当
304	**コムギコ**の消費量は増えている。	小麦粉
305	訪問先で**カンタイ**を受けた。	歓待
306	その火事はだれも**ヨキ**しえなかった。	予期
307	この機械の**コウゾウ**は複雑だ。	構造
308	その映画は**ヒョウカ**が高い。	評価
309	両国の**キョウカイ**が定められた。	境界
310	今日の試合の**ショウイン**は彼《かれ》の活躍《かつやく》だ。	勝因
311	中国語は**ゼンゼン**わかりません。	全然
312	**ブツゾウ**の前で手を合わせる。	仏像

□313 能力の**ゲンカイ**に挑戦《ちょうせん》する。	限界
□314 彼《かれ》の作品はとても**ドクソウ**的だ。	独創
□315 火の強さは適当に**チョウセツ**してください。	調節
□316 活躍《かつやく》できなくて**ザンネン**です。	残念
□317 住人が**キョウユウ**するスペース。	共有
□318 **ケイトウ**立てて研究を進める。	系統
□319 名古屋を**ケイユ**して東京へ行く。	経由
□320 **ハクブツ**館を見学する。	博物
□321 その**キミョウ**な話は信じがたい。	奇妙
□322 **リョウド**問題について交渉《こうしょう》する。	領土
□323 自分の推理に**カクシン**をもつ。	確信
□324 クラス全員を家庭**ホウモン**する。	訪問
□325 祖父も父も**セイジカ**だった。	政治家
□326 増税で**シュフ**のさいふのひもは固い。	主婦
□327 敵**ミカタ**に分かれて行うゲームだ。	味方
□328 ラジオで台風**ジョウホウ**をきく。	情報
□329 今回の試験は**アンガイ**簡単だった。	案外
□330 その男は**フイ**に現れた。	不意
□331 マラソンがあり交通**キセイ**が行われた。	規制
□332 体力が**カイフク**するまで休む。	回復
□333 姉は英語の**ツウヤク**をしている。	通訳
□334 せまい道路を**カクチョウ**する。	拡張
□335 今日は**キミ**が悪いほど静かだ。	気味
□336 換《かん》気《き》のため窓を**カイホウ**した。	開放

- 337 病状は**カイホウ**に向かっている。 — 快方
- 338 偶然《ぐうぜん》に**ハンコウ**を目にする。 — 犯行
- 339 労働を**キョウセイ**してはならない。 — 強制
- 340 地域の消火**クンレン**が行われた。 — 訓練
- 341 **ゲンカク**なしつけの家庭に育った。 — 厳格
- 342 小麦の**フンマツ**でパンを作る。 — 粉末
- 343 部屋を**テキオン**に保つ。 — 適温
- 344 味の**カゲン**を調節する。 — 加減
- 345 徳川家康《いえやす》が江戸《えど》**バクフ**を開いた。 — 幕府
- 346 この絵はとても**シンピ**的だ。 — 神秘
- 347 結婚式の**ショウタイ**状を出す。 — 招待
- 348 彼《かれ》は**セイジツ**な人柄《ひとがら》だ。 — 誠実

- 349 全員参加を**ゼンテイ**に計画する。 — 前提
- 350 新しい研究所が**カイセツ**された。 — 開設
- 351 特別な例は**ジョガイ**して考える。 — 除外
- 352 過半数が意見に**サンセイ**した。 — 賛成
- 353 決勝戦の相手は**キョウテキ**だ。 — 強敵
- 354 意見を**ホリュウ**する。 — 保留
- 355 **ミツリン**にすむ動物を研究する。 — 密林
- 356 テレビを**シュウリ**してもらう。 — 修理
- 357 彼は指先の**カンカク**が鋭《するど》い。 — 感覚
- 358 **セッキョクテキ**に仕事をこなす。 — 積極的
- 359 作業は**コンナン**を極めた。 — 困難
- 360 銀行の**ヨキン**を引き出す。 — 預金

□361 空き部屋に人の**ケハイ**がする。　気配

□362 感想を**カンケツ**に書いてください。　簡潔

□363 全員が**フンキ**してリレーに臨む。　奮起

□364 先生から**チョクセツ**話を聞く。　直接

□365 野菜畑に**ヒリョウ**をまく。　肥料

□366 将来の自分の姿を**ソウゾウ**する。　想像

□367 人事を**サッシン**する必要がある。　刷新

□368 **ユダン**して自転車をとられた。　油断

□369 店の**カンバン**を業者に依頼する。　看板

□370 社長は病気で**ジショク**した。　辞職

□371 その応急処置は**テキセツ**だった。　適切

□372 彼はユニークな**カンセイ**を持つ。　感性

□373 会議ではこれを**テイアン**しよう。　提案

□374 夏休みに朝顔を**カンサツ**する。　観察

□375 すずしい時間に**サンポ**する。　散歩

□376 長い髪《かみ》を**ムゾウサ**に束ねる。　無造作

□377 星に**キョウミ**がある。　興味

□378 家族が**エンマン**に暮らす。　円満

□379 山火事は**シンコク**な被害《ひがい》を残した。　深刻

□380 手紙の書き出しを**シアン**する。　思案

□381 **キキ**一髪《いっぱつ》のところで助かった。　危機

□382 今日は体の**グアイ**がよくない。　具合

□383 私の**トクイ**科目は国語です。　得意

□384 古紙を**カイシュウ**する業者。　回収

385	あの人は**ヤクソク**を守る人だ。	約束
386	車窓から美しい**コウケイ**をながめる。	光景
387	**ランボウ**な言葉はよくないよ。	乱暴
388	**ザイコ**があるかどうか問い合わせる。	在庫
389	兄は**キョウシ**を目指している。	教師
390	あなたの目は**ランシ**も入っています。	乱視
391	この仕事は早く**ショリ**してください。	処理
392	**ケンポウ**に違反《いはん》してはならない。	憲法
393	葉の裏側の**ソシキ**を調べる。	組織
394	映画の場面が**インショウ**に残る。	印象
395	国際線の**ザセキ**を確保する。	座席
396	今日は母の**タンジョウ**日です。	誕生
397	会議の様子を**ホウコク**する。	報告
398	庭に**ジョソウ**の薬をまいた。	除草
399	今月から新しい**ニンム**に就いた。	任務
400	どんなときでも**ヘイセイ**を保つ。	平静
401	事件の調査に**シンテン**があった。	進展
402	問題の**タイショ**のしかたを学ぶ。	対処
403	機関車の**モケイ**を作った。	模型
404	母が**カンビョウ**してくれた。	看病
405	試合が雨で**チュウダン**した。	中断
406	時間の**カンネン**が君とは異なる。	観念
407	万一に備え生命**ホケン**に入る。	保険
408	祖父は**ジュクレン**した職人だ。	熟練

409	高い濃度《のうど》の**ホウシャノウ**が計測された。	放射能
410	身の**ケッパク**が証明された。	潔白
411	必要に応じて**ホソク**説明をする。	補足
412	商売で大きな**リエキ**を得る。	利益
413	毎日の練習の**コウカ**が現れる。	効果
414	複雑な機械を**ソウサ**する。	操作
415	**ナンカイ**な数学の問題を解く。	難解
416	**タンペン**小説を読むのが好きだ。	短編
417	事件の**ハイケイ**には何かあるようだ。	背景
418	**シュクシャク**千分の一の地図。	縮尺
419	電話で**キュウキュウ**車を呼ぶ。	救急
420	プロ野球選手の**シュクシャ**を訪問する。	宿舎
421	戦争の**ヒゲキ**は繰《く》り返してはならない。	悲劇
422	虫歯の**ヨボウ**に気をつけよう。	予防
423	複数の**シカク**試験に挑戦《ちょうせん》する。	資格
424	自動車の製造**コウテイ**を見学する。	工程
425	健全な肉体に健全な**セイシン**が宿る。	精神
426	産業**カクメイ**はイギリスから起こった。	革命
427	**カノウ**性がある限りがんばろう。	可能
428	日米の**シュノウ**会談が開かれた。	首脳
429	準備不足を**ツウセツ**に感じる。	痛切
430	子どもの成長の**カテイ**を記録する。	過程
431	**フッキュウ**工事が進まない。	復旧
432	経済の**トウケイ**を毎月記録する。	統計

433	市民の**サンドウ**を得た政策です。	賛同
434	社員は毎朝八時に**シュッキン**する。	出勤
435	幼児に**ドウワ**を読み聞かせる。	童話
436	話題を**テイキョウ**してください。	提供
437	増税が家計の**フタン**を重くした。	負担
438	平和運動の**コウセキ**が認められた。	功績
439	この**シュウヘン**の海は温暖だ。	周辺
440	なだれを**ヒッシ**によけて助かった。	必死
441	私の**コウブツ**はハンバーグです。	好物
442	農業の**キゲン**を調べる。	起源
443	サッカーに**カンシン**がある。	関心
444	同じ**ヨウシキ**で書類を作る。	様式

445	**ショウガイ**物競走に参加する。	障害
446	電車の**ユウセン**席に老人が座っている。	優先
447	音楽家としての**ソシツ**がある。	素質
448	**ゾウキ**の提供を申し出る。	臓器
449	食品の**エイセイ**に気を使う。	衛生
450	遠足の**ハンチョウ**を引き受ける。	班長
451	正月に神社に**サンパイ**する。	参拝
452	貨物列車で物資を**ユソウ**する。	輸送
453	台風が日本列島を**ジュウダン**した。	縦断
454	受章の**シュクガ**会に出席した。	祝賀
455	京都で**コクサイ**会議が開かれた。	国際
456	予選に負けても**フッカツ**戦がある。	復活

457	新しい病院が**セツリツ**された。	設立
458	**ユウビン**局に手紙を出しに行く。	郵便
459	弟は**シンケン**な表情で姉を見た。	真剣
460	古い民家が**カイチク**された。	改築
461	東京は人口**ミツド**が高い。	密度
462	彼《かれ》は知事選挙の**コウホ**だ。	候補
463	正しい**シセイ**で行進する。	姿勢
464	当面は彼と会う**キカイ**がない。	機会
465	日本との**ボウエキ**が盛んな国。	貿易
466	校舎を大**キボ**に改修する。	規模
467	**イチモクサン**に逃げ出した。	一目散
468	悪いうわさを**ヒテイ**する。	否定
469	彼の詩集が**シュッパン**された。	出版
470	話の**スジミチ**を立てて説明する。	筋道
471	人の言うことを**ゼンイ**に解釈《かいしゃく》する。	善意
472	国語の**セイセキ**が上がった。	成績
473	この論説文の**チョシャ**に会いたい。	著者
474	みんなで物語を**ソウサク**する。	創作
475	**ジュンシン**な心を持った青年だ。	純真
476	この鉄道は**タンセン**です。	単線
477	明日の天気**ヨホウ**をテレビで見る。	予報
478	**サイバンカン**を目指したい。	裁判官
479	仕事の**アイボウ**とはよく気が合う。	相棒
480	春にまいた花の種子が**ハツガ**した。	発芽

481	不作で野菜の**カカク**が上がる。	価格
482	世界記録は**ヨウイ**に破れない。	容易
483	この手紙の返事は**フヨウ**です。	不要
484	果てしなく広がる**ウチュウ**。	宇宙
485	昨日は**ソウトウ**暑かった。	相当
486	**ルイジ**した問題で復習する。	類似
487	虫に**キセイ**して養分をとる植物だ。	寄生
488	昔の**ジュウキョ**を見学する。	住居
489	**ジュモク**を生けがきにする。	樹木
490	カードの裏に**ショメイ**をする。	署名
491	**シンゾウ**は休みなく動き続ける。	心臓
492	母に**ルスバン**を頼まれた。	留守番
493	その発明は**チャクソウ**がよい。	着想
494	卒業記念に**ショクジュ**する。	植樹
495	プールで**ハイエイ**の練習をする。	背泳
496	雨の日は**カンショウテキ**になる。	感傷的
497	日本**コユウ**の文化を大切にする。	固有
498	あの人の演技は**ソンザイ**感がある。	存在
499	環境《かんきょう》に**テキオウ**する生物。	適応
500	薬の**コウヨウ**が現れる。	効用
501	相手の意見を**ソンチョウ**する。	尊重
502	私は彼《かれ》の意見を**シジ**する。	支持
503	**ボウハン**ベルを身につける。	防犯
504	兄が怒《おこ》るのも**トウゼン**だ。	当然

- □505 **キジュン**となる数字を定める。 基準
- □506 会社の**ホウシン**を決定する。 方針
- □507 **トウロン**を繰《く》り返して納得した。 討論
- □508 **キチョウ**な森林資源が減り続ける。 貴重
- □509 将来の夢は**カンゴ**師です。 看護
- □510 二人の性格は**タイショウ**的だ。 対照
- □511 顕《けん》微《び》鏡《きょう》で**カクダイ**して観察する。 拡大
- □512 背後に**シセン**を感じてふり向いた。 視線
- □513 **テンジ**品には手を触《ふ》れないでください。 展示
- □514 このゲームのルールは**フクザツ**だ。 複雑
- □515 害虫を**タイジ**してください。 退治
- □516 私は恩師を**ソンケイ**している。 尊敬

- □517 落とし物を**ケイサツ**に届ける。 警察
- □518 彼はときどき**カゲキ**な意見を言う。 過激
- □519 入院中の彼は面会**シャゼツ**だ。 謝絶
- □520 このあたりは漁業の盛んな**チイキ**だ。 地域
- □521 昨夜見た**ギンガ**は美しかった。 銀河
- □522 国王が**ゼッタイ**的な権力を持っていた。 絶対
- □523 自分**センヨウ**の部屋がほしい。 専用
- □524 部屋の家具の**ハイチ**を変えてみる。 配置
- □525 昔は石炭が**ネンリョウ**の中心だった。 燃料
- □526 町の野球チームに**ショゾク**する。 所属
- □527 地震《じしん》によって大きな**カサイ**が発生した。 火災
- □528 毎日**ケンコウ**で過ごしたいと思う。 健康

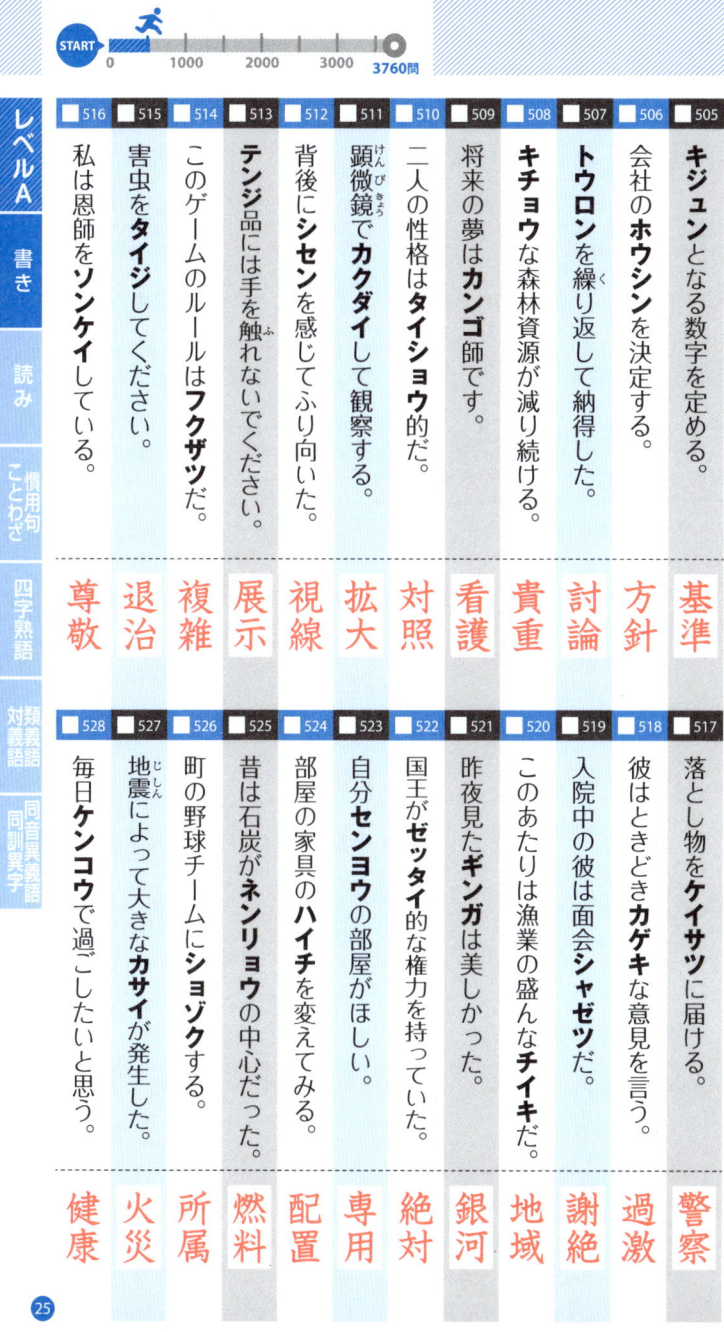

529	細かい間違《まちが》いは**ムシ**してもよい。	無視
530	温泉の**ジョウキ**で卵をゆでる。	蒸気
531	次の駅で特急に**セツゾク**する。	接続
532	料理に**ヒツヨウ**な材料を買う。	必要
533	男女の待遇《たいぐう》を**キントウ**にする。	均等
534	理由もなく他人を**ヒナン**するな。	非(批)難
535	急に空**モヨウ**があやしくなった。	模様
536	彼《かれ》を**セットク**してください。	説得
537	進入**キンシ**の立て札がある。	禁止
538	政党の**コウニン**で選挙に出る。	公認
539	地球**オンダン**化の原因を知る。	温暖
540	事件を**メンミツ**に調査する。	綿密
541	隣国《りんごく》と平和**ジョウヤク**を結ぶ。	条約
542	姉は音楽会で**ドクショウ**した。	独唱
543	**ショクエン**を入れて味を調える。	食塩
544	**カシツ**によって火災が起こった。	過失
545	不測の事態を**シュウシュウ**する。	収拾
546	複雑な**キカイ**の操作《そうさ》を覚える。	機械
547	必要な知識を**エトク**する。	会得
548	使用した**モゾウシ**をたたむ。	模造紙
549	事件の**キュウメイ**に向けて努力する。	究明
550	この辺りは住宅が**ミッシュウ**している。	密集
551	運動場の**メンセキ**を測る。	面積
552	黒煙《こくえん》をはいて**キシャ**が走る。	汽車

553	昼も夜も蒸し**アツ**い日が続く。	暑
554	学者が古典について**コウ**じる。	講
555	屋根を**ササ**える太い柱。	支
556	水面に**ウツ**った自分の顔を見る。	映
557	年をとっても健康を**タモ**つ。	保
558	犯した罪を**ミト**める。	認
559	問題解決のため委員会を**モウ**ける。	設
560	この**アタ**りにバス停はない。	辺
561	旅行先から**タヨ**りを出す。	便
562	ある条件から解答を**ミチビ**く。	導
563	字の誤りは**ナオ**しなさい。	直
564	厳しい寒さが少し**ヤワ**らぐ。	和
565	あなたの力を**カ**りたいのです。	借
566	災害に**ソナ**えて非常食を買う。	備
567	どちらがいいか判断に**マヨ**う。	迷
568	背中を後ろに**ソ**らす。	反
569	悪事には当然の**サバ**きがある。	裁
570	足りないところを**オギナ**う。	補
571	弟はいつも私に**サカ**らう。	逆
572	事実を**マ**げることなく話した。	曲
573	水そうの金魚にえさを**アタ**える。	与
574	パソコンを自由に**アヤツ**る。	操
575	青色は**ツメ**たい感じがする。	冷
576	彼はとても**ホガ**らかな性格だ。	朗

577 版画の年賀状を**ス**った。 刷

578 集めた木の実を紙で**ツツ**む。 包

579 **オサナ**い妹の面倒《めんどう》を見る。 幼

580 常識を**カ**いた行動にあきれる。 欠

581 何度も**ネ**り直して完成した計画。 練

582 裏庭で落ち葉を**ヤ**く。 焼

583 結論に**イタ**る経過を知る。 至

584 大学で自然科学を**オサ**める。 修

585 落語を聞いて**ハラ**の底から笑った。 腹

586 約束に**ソム**いた罰《ばつ》を受ける。 背

587 銀行にお金を**アズ**ける。 預

588 先頭に**シタガ**って道を歩く。 従

589 ごみは決められた場所に**ス**てる。 捨

590 思い出の地を**フタタ**び訪ねる。 再

591 重い責任を**ニナ**うことになった。 担

592 広い**ニワ**に犬を放す。 庭

593 教科書をつくえの上に**オ**く。 置

594 先生の指示で**スミ**やかに行動せよ。 速

595 布を自然の草花で**ソ**める。 染

596 ギターの弦《げん》をきつく**ハ**る。 張

597 友人に良い参考書を**スス**める。 勧

598 コンクリートで**カタ**めた海岸。 固

599 私たちは意見が**コト**なっている。 異

600 生徒会の役員を**エラ**ぶ。 選

□601	湯のみのお茶を**サ**まして飲む。	冷
□602	来月**ナカ**ばに引っ越《こ》す予定だ。	半
□603	笑顔を絶やさないように**ツト**める。	努
□604	おぼれかけた子ねこを**スク**う。	救
□605	あなたの力を**カ**してください。	貸
□606	庭の花を摘《つ》んで**タバ**にする。	束
□607	この先は**アブ**ない道が続く。	危
□608	子どもが**スコ**やかに育つ。	健
□609	人の**ナサ**けが身に染《し》みる。	情
□610	道に迷って**モト**の場所にもどった。	元
□611	やっと病気が**ナオ**った。	治
□612	多くの草木の**メ**が出る春。	芽
□613	寒い日に**アツ**いお茶を飲む。	熱
□614	**アヤマ**って別人に電話をした。	誤
□615	子どもを**ノゾ**いた全員が参加した。	除
□616	古文書の解読に骨を**オ**る。	折
□617	**モ**やせるごみを集めよう。	燃
□618	ピアノの音が耳に**ト**まる。	留
□619	この夏は平年**ナミ**の暑さでしょう。	並
□620	**テキ**の兵士を看病した。	敵
□621	竹垣《たけがき》で家の周りを**カコ**む。	囲
□622	今日はおやつが少し**アマ**った。	余
□623	回復の**キザ**しが見えてきた。	兆
□624	**ツネ**に前向きに生きていこう。	常

625 計算ミスを**ヘ**らす工夫をする。	減
626 駅に**ツ**いたら知らせてください。	着
627 どうも**ギャク**の方向に来たらしい。	逆
628 **ヒト**りで家まで歩いて帰る。	独
629 古墳《こふん》は昔の人の**ハカ**だ。	墓
630 書類に**ハン**を押してください。	判
631 市役所で手続きを**ス**ます。	済
632 経験に**モト**づいて仕事を進める。	基
633 時計をもらって**ヨロコ**んだ。	喜
634 戦争が起こらないようにと**ネガ**う。	願
635 祖父の長寿《ちょうじゅ》をみんなで**イワ**う。	祝
636 富士山が雲間から**スガタ**を現す。	姿
637 雑音に思考が**ミダ**れる。	乱
638 会議は終始**ナゴ**やかに進行した。	和
639 すぐ解ける**ヤサ**しい問題だ。	易
640 荷物を肩《かた》に**カツ**いで旅をした。	担
641 美しい花に**タト**える。	例
642 私は**モッパ**ら聞き役に回った。	専
643 運動会は雨で来週に**ノ**びた。	延
644 **ムネ**より深い所で泳ぐ。	胸
645 山中で**イズミ**がわき出ていた。	泉
646 からを**ワ**ってひなが生まれた。	割
647 相手の失敗を**セ**めてはならない。	責
648 足の**キズ**に薬をぬる。	傷

649	病気を理由に野球部を**ヤ**める。	辞
650	僧《そう》が念仏を**トナ**えている。	唱
651	砂浜《すなはま》で貝がいる**アナ**を観察する。	穴
652	しつこい誘《さそ》いを**コトワ**る。	断
653	大型台風が上陸して**アバ**れた。	暴
654	ハープの**カナ**でる優しい音色。	奏
655	計算が合っているか**タシ**かめる。	確
656	児童会の会長を**ツト**める。	務
657	故郷の母から便りが**トド**いた。	届
658	君のことはけっして**ワス**れない。	忘
659	雪を頂く山々が**ツラ**なる。	連
660	時計が見あたらず部屋中を**サガ**す。	探
661	医師になることを**ココロザ**す。	志
662	海岸の強い日差しが目を**イ**る。	射
663	服装を**トトノ**えて出かける。	整
664	私の**ツマ**は外出中です。	妻
665	**コ**えた土地は作物がよく育つ。	肥
666	ぜいたくを**キワ**める生活だ。	極
667	いじめは**ユル**してはならない。	許
668	**ユメ**のような生活が実現した。	夢
669	おふろの湯の温度がまだ**ヒク**い。	低
670	隣《となり》に外国人が**スワ**った。	座
671	この意見が正しいとは**カギ**らない。	限
672	内閣は行政に責任を**オ**う。	負

673 れんげ草で**ワ**を作って飾《かざ》る。　輪

674 飼い主が犬を**ヨ**んでいる。　呼

675 生徒を**ヒキ**いて遠足に出かける。　率

676 屋上から横断幕を**タ**らす。　垂

677 山の**イタダキ**に雪が積もる。　頂

678 先生にほめられて**テ**れる。　照

679 隣町《となりまち》の工場で**ハタラ**く。　働

680 ここは港に**ノゾ**んだ学校です。　臨

681 子どもたちが**イキオ**いよく走る。　勢

682 夜ふかしは体に**サワ**るよ。　障

683 強敵に**イサ**ましく立ち向かう。　勇

684 彼《かれ》は注目の**マト**だ。　的

685 遠くから街の**ヒ**が見える。　灯

686 長い年月を**ヘ**て城が完成した。　経

687 窓を割ったことを**アヤマ**る。　謝

688 太い**ミキ**に枝葉がしげる。　幹

689 富士山が夕日に**ハ**える。　映

690 母に起こされて目を**サ**ます。　覚

691 自分の**ヒ**を認めて謝る。　非

692 昨日友人の家を**タズ**ねた。　訪

693 **ア**いている席を探そう。　空

694 今年は**キビ**しい寒さが続く。　厳

695 ありの巣を**ボウ**でつつく。　棒

696 弟に投球の手本を**シメ**す。　示

□697	実家は農業を**イトナ**んでいる。	営
□698	池の**マワ**りに木を植える。	周
□699	小川に**ソ**って自転車を走らせる。	沿
□700	何度も**ココロ**みたが失敗した。	試
□701	**オモ**な人を会議に招集する。	主
□702	桜の花びらが**チ**り始める。	散
□703	月の**ウラ**の衛星写真を見た。	裏
□704	部屋の中は**アタタ**かい。	暖
□705	世界記録が**ヤブ**られた。	破
□706	プレゼントにリボンを**マ**く。	巻
□707	日差しに春の**オトズ**れを感じる。	訪
□708	火災現場に野次馬が**ムラ**がる。	群
□709	料理の**ワザ**を競う。	技
□710	父は貿易会社に**ツト**めている。	勤
□711	全員集合の**フエ**の合図がした。	笛
□712	この冬いちばんの**ヒ**え込《こ》みだ。	冷
□713	**ムズカ**しい問題に挑戦《ちょうせん》する。	難
□714	畑を**タガヤ**して野菜を植える。	耕
□715	お寺で仏像を**オガ**む。	拝
□716	赤い糸で布を**オ**る。	織
□717	竹の**フシ**の部分は固い。	節
□718	ほんのりと赤みを**オ**びた花だ。	帯
□719	市の人口は毎年**フ**えている。	増
□720	かきの実が赤く**ジュク**してきた。	熟

721 文章のむだな表現を**ハブ**く。 省
722 ライバルを前に**フル**い立つ。 奮
723 恐竜《きょうりゅう》は氷河期に死に**タ**えた。 絶
724 昔から**シオ**は清いものとされた。 塩
725 青と赤を**マ**ぜて紫《むらさき》にする。 混
726 バケツの中の水が**カラ**になる。 空
727 **ウタガ**いのまなざしで見る。 疑
728 最近は町の変化が**イチジル**しい。 著
729 無精ひげを**ハ**やした男性。 生
730 家庭を楽しい**カタ**らいの場にする。 語
731 姉がマフラーを**ア**んでくれた。 編
732 年の**ハジ**めのあいさつをする。 初

733 りんごが**イタ**んでしまった。 傷
734 彼《かれ》の話はユーモアに**ト**んでいる。 富
735 座布団を**ホ**すとふわふわになる。 干
736 朝の新鮮《しんせん》な空気を**ス**う。 吸
737 大雪で幹線道路が**タ**たれた。 断
738 家中の**マド**を開け放つ。 窓
739 妹のきげんを**ソコ**ねてしまった。 損
740 **ケワ**しい道を一歩一歩進む。 険
741 虫歯がずきずきと**イタ**む。 痛
742 **タビ**重なる不運に失望する。 度
743 火遊びの危険性を**ト**く。 説
744 短距離《きょり》走のタイムを**ハカ**る。 計

745	坂道をボールが**コロ**がる。	転
746	いつも**ワラ**いの絶えない家族だ。	笑
747	我が家では犬を三匹**カ**っている。	飼
748	先生は**ヒタイ**にほくろがある。	額
749	大きな門を**カマ**えた家がある。	構
750	ミスを**フセ**ぐ努力をする。	防
751	皿いっぱいに料理を**モ**る。	盛
752	豆をくだいて**コナ**にする。	粉
753	待っていた友人が**アラワ**れた。	現
754	社会の第一線から**シリゾ**く。	退
755	切れ味の悪い包丁を**ト**ぐ。	研
756	声をかけられて**ワレ**に返る。	我
757	いかつり**リョウ**を見学する。	漁
758	彼《かれ》を生徒会長に**オ**した。	推
759	休日には親子**ヅ**れが多い公園。	連
760	校庭の面積を**ハカ**る。	測
761	村はずれに古い**ヤシロ**がある。	社
762	早く新しい生活に**ナ**れよう。	慣
763	今まで**ニガ**い経験をしてきた。	苦
764	**キソ**って新製品を売り出す業界。	競
765	アジアの人々と**マジ**わる機会だ。	交
766	外出の**サイ**にかぎをかける。	際
767	友人を**マネ**いてパーティーをする。	招
768	**ワタ**を詰《つ》めたふとんに寝《ね》る。	綿

769	大火事で家族を**ウシナ**った。	失
770	新しい漢字を**オボ**える。	覚
771	自転車が故障して**コマ**った。	困
772	外に出て日光を全身に**ア**びる。	浴
773	穀物を入れた**タワラ**が積んである。	俵
774	いちごの実が赤く**ウ**れている。	熟
775	早口言葉に**シタ**が回らない。	舌
776	三に五を**クワ**えると八になる。	加
777	親鳥が卵を**アタタ**める。	温
778	水中で体が浮くか**タメ**してみる。	試
779	私の気持ちを**サッ**してください。	察
780	一つ一つ例を**ア**げて説明する。	挙
781	昨日から**フ**っていた雪が止んだ。	降
782	台風で**ハゲ**しい風雨が続いた。	激
783	父の言葉を心に**キザ**む。	刻
784	試合に備えて体力を**ヤシナ**う。	養
785	冷たい水で足を**アラ**う。	洗
786	助けられた**オン**は忘れない。	恩
787	親元を出て一人で**ク**らす。	暮
788	彼《かれ》は大きな家を**タ**てた。	建
789	先頭との距離《きょり》が**チヂ**まる。	縮
790	**ハガネ**を使った製品はかたい。	鋼
791	ぶ**アツ**い問題集に取り組む。	厚
792	忙《いそが》しい時間を**サ**いて相談に応じる。	割

793	湯のみに熱いお茶を**ソソ**ぐ。	注
794	担任の先生はとても**ヤサ**しい。	優
795	レモンの**ス**っぱい味がする。	酸
796	**ドク**にも薬にもならない。	毒
797	彼女《かのじょ》は顔を**カガミ**に映した。	鏡
798	ごみ処理場から**ケムリ**が出ている。	煙
799	美しく堅《けん》固《ご》な城を**キズ**く。	築
800	長い年月を**ツイ**やして完成した。	費
801	薬が**キ**いて痛みが収まる。	効
802	この仕事は私に**マカ**せなさい。	任
803	野球のレギュラーから**ハズ**れた。	外
804	**ココロヨ**い音楽をきく。	快
805	鉄がすれ合って火花を**ハナ**つ。	放
806	妹はぼくより走るのが**ハヤ**い。	速
807	校舎の周りのごみ**ヒロ**いをする。	拾
808	会長が社長も**カ**ねている。	兼
809	修学旅行の費用を**ツ**み立てる。	積
810	**ハナ**すじの通った美しい横顔。	鼻
811	家の門を固く**ト**ざす。	閉
812	二《に》兎《と》を**オ**う者は一《いっ》兎《と》をも得ず	追
813	あの兄弟はよく**ニ**ている。	似
814	**ツミ**を自覚して反省する。	罪
815	税金を**オサ**めるのは義務だ。	納
816	隣《となり》の家との**サカイ**を決める。	境

817	規模	きぼ
818	無礼	ぶれい
819	日和	ひより
820	戸外	こがい
821	穀物	こくもつ
822	帰省	きせい
823	頭上	ずじょう
824	安否	あんぴ
825	遊説	ゆうぜい
826	本望	ほんもう
827	便乗	びんじょう
828	発起人	ほっきにん
829	仮病	けびょう
830	留守	るす
831	木綿	もめん
832	境内	けいだい
833	出納	すいとう
834	納得	なっとく
835	体裁	ていさい
836	風情	ふぜい
837	分割	ぶんかつ
838	作物	さくもつ
839	口調	くちょう
840	有頂天	うちょうてん
841	類似	るいじ
842	工面	くめん
843	貴重	きちょう
844	生糸	きいと
845	素手	すで
846	性分	しょうぶん
847	都合	つごう
848	最期	さいご
849	束縛	そくばく
850	成就	じょうじゅ
851	気配	けはい
852	家屋	かおく

番号	問題	読み
853	由来	ゆらい
854	定規	じょうぎ
855	発芽	はつが
856	有無	うむ
857	次第	しだい
858	元来	がんらい
859	細心	さいしん
860	知己	ちき
861	重宝	ちょうほう
862	皮革	ひかく
863	形相	ぎょうそう
864	率先	そっせん
865	禁物	きんもつ
866	河川	かせん
867	絵画	かいが
868	養蚕	ようさん
869	解熱	げねつ
870	経由	けいゆ
871	筋道	すじみち
872	発端	ほったん
873	従事	じゅうじ
874	発作	ほっさ
875	作法	さほう
876	納豆	なっとう
877	意気地	いくじ
878	定石	じょうせき
879	枚挙	まいきょ
880	財布	さいふ
881	不気味	ぶきみ
882	距離	きょり
883	不思議	ふしぎ
884	景色	けしき
885	都度	つど
886	羽毛	うもう
887	素性	すじょう
888	本音	ほんね

889	供養	くよう
890	七夕	たなばた
891	画策	かくさく
892	出荷	しゅっか
893	平生	へいぜい
894	交替	こうたい
895	先方	せんぽう
896	衝撃	しょうげき
897	会釈	えしゃく
898	積雪	せきせつ
899	支度	したく
900	門戸	もんこ
901	所望	しょもう
902	面倒	めんどう
903	往来	おうらい
904	是正	ぜせい
905	消息	しょうそく
906	無益	むえき
907	作用	さよう
908	黒潮	くろしお
909	布地	ぬのじ
910	無難	ぶなん
911	夏至	げし
912	繁盛	はんじょう
913	暖炉	だんろ
914	迷子	まいご
915	指図	さしず
916	不精	ぶしょう
917	調子	ちょうし
918	雑炊	ぞうすい
919	無作法	ぶさほう
920	下界	げかい
921	早合点	はやがてん
922	眼下	がんか
923	修行	しゅぎょう
924	兆候	ちょうこう

番号	語	読み
925	分布	ぶんぷ
926	操縦	そうじゅう
927	強引	ごういん
928	解毒	げどく
929	大人	おとな
930	治水	ちすい
931	留意	りゅうい
932	気性	きしょう
933	意図	いと
934	大漁	たいりょう
935	細工	さいく
936	断食	だんじき
937	依然	いぜん
938	同一	どういつ
939	一切	いっさい
940	大豆	だいず
941	是非	ぜひ
942	娯楽	ごらく
943	息吹	いぶき
944	河原	かわら
945	閉口	へいこう
946	納税	のうぜい
947	神業	かみわざ
948	小雨	こさめ
949	遭難	そうなん
950	部屋	へや
951	文句	もんく
952	紙一重	かみひとえ
953	建立	こんりゅう
954	処置	しょち
955	天井	てんじょう
956	胸元	むなもと
957	功名	こうみょう
958	遠浅	とおあさ
959	風上	かざかみ
960	熱湯	ねっとう

□961	浸透	しんとう
□962	問答	もんどう
□963	心地	ここち
□964	格子	こうし
□965	灯明	とうみょう
□966	加減	かげん
□967	反物	たんもの
□968	折半	せっぱん
□969	尊重	そんちょう
□970	行方	ゆくえ
□971	代物	しろもの
□972	合戦	かっせん
□973	緑化	りょっ(りょく)か
□974	商う	あきな
□975	転がる	ころ
□976	和む	なご
□977	苦い	にが
□978	奏でる	かな
□979	採る	と
□980	速やか	すみ
□981	省く	はぶ
□982	漏れる	も
□983	志す	こころざ
□984	告げる	つ
□985	潤む	うる
□986	外れる	はず
□987	経る	へ
□988	築く	きず
□989	報われる	むく
□990	担う	にな
□991	損ねる	そこ
□992	群がる	むら
□993	逆らう	さか
□994	営む	いとな
□995	設ける	もう
□996	縮む	ちぢ

997	和らぐ	やわ
998	裂く	さ
999	奪う	うば
1000	粗い	あら
1001	増える	ふ
1002	暴く	あば
1003	競う	きそ
1004	賢い	かしこ
1005	健やか	すこ
1006	兆し	きざ
1007	練る	ね
1008	潔い	いさぎよ

1009	率いる	ひき
1010	効く	き
1011	半ば	なか
1012	任せる	まか
1013	酔う	よ
1014	自ら	みずか
1015	著しい	いちじる
1016	著す	あらわ
1017	易しい	やさ
1018	補う	おぎな
1019	障る	さわ
1020	供える	そな

1021	省みる	かえり
1022	悔しい	くや
1023	危うい	あや
1024	辞める	や
1025	険しい	けわ
1026	愚か	おろ
1027	快い	こころよ
1028	就く	つ
1029	注ぐ	そそ
1030	試みる	こころ
1031	怠る	おこた
1032	映える	は

□ 1033	沿う	そ
□ 1034	勧める	すす
□ 1035	探る	さぐ
□ 1036	直ちに	ただ
□ 1037	老いる	お
□ 1038	便り	たよ
□ 1039	熟れる	う
□ 1040	触る	さわ
□ 1041	膨らむ	ふく
□ 1042	覚める	さ
□ 1043	臨む	のぞ
□ 1044	究める	きわ
□ 1045	弾む	はず
□ 1046	上乗せ	うわの
□ 1047	蓄える	たくわ
□ 1048	嫁ぐ	とつ
□ 1049	染みる	し
□ 1050	笑み	え
□ 1051	縛る	しば
□ 1052	垂れる	た
□ 1053	装う	よそお
□ 1054	優しい	やさ
□ 1055	負う	お
□ 1056	群れる	む
□ 1057	惑う	まど
□ 1058	憩い	いこ
□ 1059	全く	まった
□ 1060	極める	きわ
□ 1061	仕える	つか
□ 1062	承る	うけたまわ
□ 1063	巧み	たく
□ 1064	興す	おこ
□ 1065	背く	そむ
□ 1066	放つ	はな
□ 1067	利く	き
□ 1068	従う	したが

1069	傷む	いた
1070	肥える	こ
1071	化かす	ば
1072	重なる	かさ
1073	漂う	ただよ
1074	済む	す
1075	結う	ゆ
1076	費やす	つい
1077	軽やか	かろ
1078	除く	のぞ
1079	反る	そ
1080	交える	まじ
1081	冷める	さ
1082	研ぐ	と
1083	歩む	あゆ
1084	調える	ととの
1085	触れる	ふ
1086	裁つ	た
1087	交う	か
1088	募る	つの
1089	継ぐ	つ
1090	構える	かま
1091	空ける	あ
1092	陥る	おちい
1093	専ら	もっぱ
1094	束ねる	たば
1095	優れる	すぐ
1096	気高い	けだか
1097	連なる	つら
1098	分別	ふんべつ・ぶんべつ
1099	甲板	かんぱん・こうはん
1100	上手	じょうず・うわて・かみて
1101	生物	せいぶつ・なまもの
1102	市場	いちば・しじょう
1103	黄金	おうごん・こがね
1104	人気	にんき・ひとけ

慣用句・ことわざ

1105 人に**後ろ指をさされる**ようなことはするな。
陰(かげ)で悪口を言われる。

1106 私の失敗で、先輩の**顔がつぶれ**てしまった。
世間に対する名誉が傷つけられる。

1107 彼は**歯に衣(きぬ)を着せぬ**言い方をするから、周りから敬遠されている。
遠慮(えんりょ)しないで、思っていることをずけずけと言う。

1108 彼はすぐに人の**揚げ足を取る**。
人の欠点をとらえて言いがかりをつける。

1109 君をスターにするなんて、まったく**雲をつかむよう**な話じゃないか。
漠然(ばくぜん)としていてとらえどころがないたとえ。

1110 彼女は勉強もスポーツもよくできるが、忘れ物が多いのが**玉にきず**だね。
立派なものにあるわずかな欠点。

1111 **後ろ髪を引かれる**思いで、故郷をあとにした。
あとに思い残すことがあり、すぱっと思い切れない。

1112 じっくりと**腰をすえ**て考えてみよう。
落ち着いて物事をする。ある場所に落ち着く。

1113 悪い習慣からは早く**足を洗う**ことだな。
悪い行いや仕事をやめてまじめになる。

1114 **鵜(う)の目鷹(たか)の目**で相手の欠点を探す。
獲物(えもの)をねらうような鋭い目つき。

1115 久しぶりに会ったのに、**木で鼻をくくっ**たようなあいさつをされた。
ろくに返事もしないで冷たくあしらったり、無愛想に対応したりする。

1116 弱小チームの快進撃に、最初はだれもが**首をかしげ**た。
首を傾けて考え込む。

1117 彼は主役を降ろされて、**へそを曲げ**ている。
機嫌(きげん)を悪くする。わざといじわるをする。

1118 彼はゲームの話になると、とたんに**立て板に水**になる。
話し方によどみがなく、続けてどんどん言葉が出る様子。

1119 お手伝いをして、**すずめの涙**ほどのおこづかいをもらった。
ごくわずかなこと。

1120 親友が転校するというのは、**寝耳に水**だった。
思いがけない出来事や不意の知らせに驚くたとえ。

□ 1121
悪いグループとは**手を切って**、出直すことにした。
今まで続けてきた関係を断ち切る。

□ 1122
母が弟の**肩を持つ**ので、おもしろくない。
味方をして助ける。

□ 1123
店員はその掃除機の性能に**太鼓判(たいこばん)を押し**た。
大丈夫だと自信を持って保証する。

□ 1124
病状は**峠(とうげ)をこし**、熱も下がったので安心した。
最も勢いの盛んな時期や危険な状況を過ぎる。

□ 1125
君に助けてもらうなんていやだけど、**背に腹はかえられない**から、この際、助けてもらおう。

大きなことをするためには、他のことには構っていられない。

□ 1126
人の成功をねたんで**足を引っ張る**人がいる。
他人の成功や行動の妨害(ぼうがい)をする。

□ 1127
人が話している最中に**口をはさん**ではいけません。
人の話に割り込む。

□ 1128
父と将棋(しょうぎ)をしたが、**手も足も出ない**まま負けてしまった。
自分の力とは差がありすぎて、どうすることもできない。

□ 1129
この朝顔は、私が**手塩にかけ**て育てたものだ。
自分でめんどうを見て、大切に育てる。

□ 1130
根も葉もないうわさを流されて傷ついた。
まったくよりどころとなるものがない。

□ 1131
隣(となり)のおじさんは、父の**竹馬の友**だそうだ。
幼なじみ。

□ 1132
帰りが遅かったけど、どこで**油を売っ**ていたの。
むだ話をしたり時間をつぶしたりして仕事をなまける。

□ 1133
この問題は難しすぎて、私には**手に負えない**。
自分の力ではどうすることもできない。

□ 1134
三十分待っても彼が来ないので、**しびれを切らし**て先にでかけた。
待ちくたびれて、我慢(がまん)ができなくなる。

□ 1135
猫(ねこ)の額ほどの土地に家を建てる。
ひじょうにせまいことのたとえ。

□ 1136
科学の世界では、**けがの功名**で思わぬ発見につながることがある。
失敗したことや何気なくしたことが、思いがけずよい結果になること。

1137 出かける母に、ちゃんと宿題をするよう**だめを押さ**れた。
念のため確認する。

1138 クラス委員の**鶴(つる)の一声**で、文化祭の出し物が決まった。
力のある人が一言だけ発言して物事が決まること。

1139 私は彼女に**一目置い**ている。
相手の能力・人格が優れていることを認め、敬意を払う。

1140 息子の活躍(かつやく)で、父親は**鼻が高い**。
得意そうにする様子。

1141 有名な絵を見ようと、美術館まで**足を運ん**だ。
わざわざ訪問する。

1142 おとなしい女の子だと思っていたけど、実は**猫(ねこ)をかぶっ**ていたんだね。
自分の本性を隠(かく)して、おとなしそうにふるまう。

1143 野球部に誘(さそ)われたが、練習がきつそうなので、**二の足をふん**でしまった。
思い切って物事を進めることができない。どうしたものかとためらう。

1144 彼は以前のことを**根に持っ**て、陰で悪口を言っているらしい。
深く恨(うら)んで、いつまでも忘れない。

1145 名字は同じですが、彼は**赤の他人**です。
まったくの他人。

1146 さあ、もう**袋のねずみ**だ。観念しろ。
逃げ出すことができない状況のこと。

1147 三時間も歩き続けて、**足が棒になっ**た。
歩きすぎたり立ち続けたりして足がこわばる。

1148 いたずらをした兄の**しりをぬぐう**なんて、立場が逆だよ。
他の人の失敗などの後始末をする。

1149 子役のすばらしい演技に、観衆は**舌を巻い**た。
とても驚いたり、感心したりする。

1150 ずいぶんと将棋(しょうぎ)の**腕が上がっ**たね。
技術や能力が進歩する。上達する。

1151 彼とは**気が置けない**仲で、何でも相談できるんだ。
気を遣ったり遠慮(えんりょ)したりせずに、気楽につきあえる。

1152 夏休みが近づき、祖父は孫が来るのを**首を長くし**て待っている。
今か今かと待ち望んでいる。

□ 1153
彼女に交際を申し込んだが、**鼻であしらわ**れた。
相手をばかにした冷たい対応をする。

□ 1154
あのチームを打ち負かすことは、**赤子の手をひねる**ようなものだ。
たいした力を使わずに、相手を負かすことができる。

□ 1155
母は二歳になる弟に**手がかかる**ようだ。
いろいろと世話がやける。

□ 1156
あの人は日ごろから**腰が低い**。
人に対して丁寧(ていねい)で、ひかえめな態度や行動をとる。

□ 1157
今回は勝ちを譲(ゆず)って、後輩に**花を持たせ**よう。
わざと負けて手柄や名誉などを相手に譲る。

□ 1158
疑いをかけられ、僕はみんなから**白い目で見**られた。
冷たい目つきで相手を見る。

□ 1159
うまくいきそうにないからといって、**さじを投げ**てはいけないよ。
どうしようもないと見放す。見込みがないとあきらめる。

□ 1160
彼女へのプレゼントを何にするかで、友達と数人で**額を集め**て話し合った。
人々が集まって、熱心に相談する。

□ 1161
突然、大きな犬にほえられて、**肝(きも)をつぶし**た。
非常にびっくりする。

□ 1162
勝手な理由をつけて手伝いを押しつけようとしても、その**手に乗ら**ないよ。
相手の考えている作戦にだまされる。

□ 1163
弟のいたずらには**手を焼い**ている。
扱(あつか)いに困る。うまくいかず困り果てる。

□ 1164
彼女のピアノの演奏は、**非の打ち所がない**出来映えだった。
完璧(かんぺき)で、欠点がまったくない。

□ 1165
連休には客が倍増し、**猫(ねこ)の手も借りたい**ほどの忙(いそが)しさだ。
非常に忙しく、いくらでも人手が欲しい。

□ 1166
予想外の出来事に、思わず**息をのん**だ。
はっと驚いて息を止める。

□ 1167
おじは気まぐれで買った宝くじが当たり、**ぬれ手であわ**の生活を送っている。
何の苦労もなく利益を得ること。

□ 1168
近所の道路工事の進み具合は、まさしく**牛の歩み**だ。
物事の進み方が遅いことのたとえ。

1169
誕生日に、母が**腕によりをかけ**てケーキを作ってくれた。
自分の技術や能力を存分に発揮しようと、張り切る。

1170
チャンピオンの力に、挑戦(ちょうせん)者はあっさり**かぶとを脱い**だ。
相手の力を認めて降参する。

1171
レポートの提出期限が近づいて、いよいよ**足元に火がつい**た。
危険が身近にせまっているたとえ。

1172
すぐに「だめだ」なんて言うと、そりゃあ**角が立つ**よ。
言葉や行為が原因で気まずい関係になる。

1173
学級会では、**口火を切っ**て彼が意見を述べた。
いちばん先に物事や話を始める。

1174
その政治家は、適当に**お茶をにごす**ような答弁をした。
うわべだけを取りつくろい、その場をごまかす。

1175
のら犬にほえられ、**あわを食っ**て逃げ出した。
ひどくあわてる。うろたえる。

1176
あの二人が結婚するとのうわさを**小耳にはさん**だ。
聞くつもりはなく、ちらっと聞く。

1177
白を切っても、君がやったという証拠(しょうこ)は挙がっているんだ。
知っているのに知らないふりをする。

1178
人を**あごで使う**ようなことをしてはいけない。
いばった態度で指図をする。

1179
人前で転び、**顔から火が出る**思いがした。
恥(は)ずかしさで顔が赤くなる。

1180
相手の話の**腰を折る**のはやめなさい。
途中(とちゅう)でじゃまをする。

1181
みんな**口をそろえ**て、ぼくの漫画をほめてくれた。
複数の人が同じことを口に出して言う。

1182
あの二人はみんなから**犬猿(けんえん)の仲**だと言われている。
とても仲が悪いたとえ。

1183
赤ちゃんが泣き出して自分の**手に余る**ので、母を呼んだ。
自分の能力ではどうにもならない。どうしていいかわからない。

1184
あなたとお姉さんは**うり二つ**ね。
顔や姿が非常に似ていることのたとえ。

□ 1185

会議が終わり、議長としての**肩の荷がおり**た。

重い責任を果たして、ほっとする。

□ 1186

容疑者が**口を割り**、事件は一気に解決に向かった。

隠(かく)し切れなくなって白状する。

□ 1187

そんなに**口が軽い**と、だれも信用してくれないよ。

言ってはいけないことまで、簡単に話してしまう。

□ 1188

彼はこのごろ仕事が**板につい**てきたね。

経験を積んで、動作や態度が役割にぴったり合ってくる。

□ 1189

機械の修理を父に任せて、ぼくはただ**手をこまぬい**ていた。

何もしないで、ただ見ている。

□ 1190

勝利まであと一歩のところで逆転され、**涙をのん**だ。

悲しさやくやしさを我慢する。

□ 1191

しめ切りを必ず守るように、**くぎをさし**ておいてください。

あとで間違いがないように、強く言い聞かせておく。

□ 1192

今回の旅行では、ぜいたくしすぎて**足が出**てしまった。

使ったお金が予算をこえる。

□ 1193

あなたが**首をつっこむ**と、よけいややこしくなるよ。

興味や関心があって、自分から関わる。

□ 1194

人の**しり馬に乗っ**てそんなことをするなんて軽率だよ。

人の言うことやすることにつられて、考えなしに行動する。

□ 1195

明日のテストのことを考えると、**頭が痛い**。

心配事があって、解決に悩んでいる。

□ 1196

昨日のバスケットの試合は、**しのぎをけずる**熱戦だった。

激しく争う。

□ 1197

テレビでよく見るあのタレントは、急に**顔が売れ**てきたようだ。

有名になって、広く名前が知られる。

□ 1198

母におこられて、いつも元気な弟が**青菜に塩**だ。

元気をなくすこと。

□ 1199

厳しい練習に、選手たちは一時間ほどで**音を上げ**た。

困難・苦難に耐えられず、弱気なことを言う。降参する。

□ 1200

人の**足元を見**て商売をするのはよくない。

相手の弱みにつけこむ。

1201
近所のこわいおじさんが見えたとたん、**くもの子を散らす**ように子どもたちは逃げていった。
大勢の人が、一度に散らばる様子。

1202
この問題は難しすぎて、ぼくには**歯が立たない**。
相手が強すぎて対抗できない。

1203
新発売のゲーム機が、**のどから手が出る**ほど欲しい。
どうしても欲しくてたまらない。

1204
あなたとはなぜか**馬が合う**。
互いに気心が合い、しっくりいく。

1205
この事件は**氷山の一角**にすぎない。
表面に現れているのは、物事のごく一部分で、大部分は隠れていること。

1206
困難に直面し、彼は**頭をかかえ**た。
どうしたらよいかわからず、考え込む。

1207
ボランティアの人たちには**頭が下がる**思いだ。
相手の行いや人柄を、心から尊敬する。

1208
君は**口が堅(かた)い**から、安心して悩み事を相談できるよ。
言ってはいけないことを、軽々しく話さない。

1209
とんとん拍子に**図に当たる**ので、気味が悪いくらいだった。
計画や予想のとおりに物事が進んでいく。

1210
我がチームの戦力は底が知れていると、相手チームは**高をくくっ**ていたよ。
たいしたことがないと軽く見る。

1211
ここはいったいどこだろう。**きつねにつままれ**た気分だよ。
何がどうなったのか、わけがわからずぼんやりしている。

1212
この町では、君は本当に**顔が広い**ねえ。
知り合いが多い。よく知られている。

1213
この宝石の値打ちは、専門家が**折り紙をつけ**ている。
人格や品質が優れていると保証する。

1214
優勝をかけた試合を、観衆は**かたずをのん**で見ていた。
はらはらしながら成り行きを見守る。

1215
父は悩んでいたが、手術を受けると**腹をくくっ**たようだ。
決心する。覚悟(かくご)を決める。

1216
父は株でもうけて**味をしめ**た。
一度うまくいったことに期待する。

□ 1217

姉はすねをかじっているくせに、毎年、海外旅行に行く。

親に頼って養ってもらっている。

□ 1218

今さら後悔(こうかい)しても、後の祭りだよ。

時機を逃して悔やんでも何にもならないこと。

□ 1219

相手がどう出るかと、息を殺して待ち受けた。

神経を集中して、呼吸をおさえて静かにしている。

□ 1220

電話だけでなく、一度ひざを交えてお話ししましょう。

お互いに親しく話し合う。

□ 1221

そんな口車に乗らないよ。

相手のたくみな話し方やおだてに乗って、だまされる。

□ 1222

兄は自分のことはたなに上げて、ぼくに家の手伝いをしろと言う。

都合の悪いことには触れないで、そのままにする。

□ 1223

帰り道がわからなくなり、途方にくれた。

どうしてよいかわからなくなり、困り果てる。

□ 1224

お互いに腹を割って話そうじゃないか。

本心を打ち明ける。

□ 1225

がんばって勉強してきたのだから、後は人事を尽くして天命を待つだけだ。

できるだけのことをやった後は、結果は運命に任せるしかない。

□ 1226

彼は確かに強いが、プロに比べれば、しょせんちょうちんにつりがねだよ。

両者の違いが大きすぎて、比較(ひかく)にならないこと。

□ 1227

彼がおこっていたぞ。本当に口はわざわいの元だね。

よけいなことを言わないように慎(つつし)みなさいという教え。

□ 1228

宝くじで一億円が当たったときの使い道をあれこれ考えるなんて、取らぬたぬきの皮算用だよ。

まだ決まってもいないのに、あれこれと計画したり、当てにしたりすること。

□ 1229

小さい弟まで頼りにしたが、おぼれる者はわらをもつかむとはこのことだ。

窮地(きゅうち)にあるものは、頼りにならないものにまですがろうとするたとえ。

□ 1230

小さなミスから逆転を許したが、ありの穴から堤もくずれるということだ。

ちょっとした油断から、思いも寄らない大事件が引き起こされる。

□ 1231

今回のテストの結果は、どんぐりの背比べであまり差がなかった。

同じようなものばかりで、たいした違いのないこと。

□ 1232

彼女があんなミスをするなんて、弘法にも筆の誤りだね。

優れた達人にも失敗はあるというたとえ。

1233
「**石の上にも三年**」というから、もう少しがんばってみよう。
どんなにつらくても、しんぼうすれば報われるときが来る。

1234
台風の接近で不安だったが、**杞憂(きゆう)**に終わってほっとした。
くよくよと必要のない心配をすること。取りこし苦労。

1235
両親は音楽と無縁だが、彼は一流のピアニストになった。**鳶(とんび)が鷹(たか)を生む**だね。
平凡な親から優れた才能を持った子どもが生まれる。

1236
雨垂れ石をうがつで、努力を続ければ希望はかなうものだよ。
小さな力でも根気強くやり続ければ、成しとげることができる。

1237
弟は毎日のように寝坊(ねぼう)して母にしかられているが、**とうふにかすがい**、少しも効果がない。
何の反応も効き目もないことのたとえ。

1238
勝ってかぶとの緒をしめよ。次戦に向けて練習だ。
勝ったときでも油断せずに気持ちを張り詰め、心を引きしめよ。

1239
彼のバイオリンの演奏は**圧巻**だった。
他より抜きんでてすばらしいこと。

1240
「**三人寄れば文殊(もんじゅ)の知恵**」というじゃないか。みんなで意見を出し合おうよ。
一人ではだめでも、三人集まって相談し合えば、よい考えが出てくること。

1241
さすが名選手、**腐ってもたい**だね。年を取ってもすごいパワーだ。
本当に優れたものは、少し質が落ちても値打ちがあるというたとえ。

1242
彼のために**犬馬の労**をとるとするか。
主君、または他人のために力を尽くすこと。

1243
少しばかり点数がよかったけど、前回と比べて**五十歩百歩**だよ。あまり自慢(じまん)できないね。
大差がないこと。

1244
毎日の練習が大切だよ。**千里の道も一歩から**というでしょ。
大きな計画でも、まず手近なことから一つ一つ始めなさいということ。

1245
花粉症(かふんしょう)で苦しんでいるときにかぜを引いてしまうとは、**泣き面に蜂(はち)**だ。
悪いことが重なって起こること。

1246
少々の手伝いでゲーム機をねだるなんて、**えびでたいをつる**ようなもんだ。
わずかな労力や元手で、大きな利益を得ること。

1247
テストの順位なんか聞かなきゃよかった。**知らぬが仏**だったよ。
知らないでいれば、平気でいられて幸せなこと。

1248
後輩に見捨てられ、**飼い犬に手をかまれ**た気分だ。
面倒を見ていた相手から裏切られる。

1249
一年間使った教室は、**立つ鳥あとをにごさず**で、きれいにしておこう。
立ち去るときは、きれいに後始末をしておくべきである。

1250
蛙(かえる)の子は蛙で、何をやらせても飽きっぽい。
子どもは親に似るものだ。平凡(へいぼん)な親の子は、やはり平凡だ。

1251
すずめ百まで踊(おど)り忘れずで、いくつになっても彼女はおしゃれだね。
小さいころに身につけた習慣は、年を取っても変わらないということ。

1252
「**きじも鳴かずば撃(う)たれまい**」だ。ちょっと黙っていたほうがいいよ。
よけいなことを言ったために、災難を招く。

1253
みんな勝手なことを言って方針が決まらない。**船頭多くして船山に上る**とはこのことだ。
指図する人が多すぎて、物事が目指すべき所と違う方へ進んでしまう。

1254
やんちゃな子にあれこれ注意しすぎると、**角をためて牛を殺す**ことになるので、のびのび育てよう。
少しの欠点を直そうとして、かえって物事全体をだめにしてしまう。

1255
人は「**氏(うじ)より育ち**」というから、重要なのは教育だ。
人間形成には、家柄や血筋より、育った環境や教育のほうが大切だということ。

1256
思い切ってやってみると、**案ずるより産むが易し**だった。
物事はあれこれ心配しても、実際にやってみると、思いの外たやすいものだ。

1257
ときには**危ない橋を渡る**ことも必要だ。
あえて危険な方法・手段で物事を行う。

1258
彼女は何事に対しても、**石橋をたたいて渡る**性格だ。
用心に用心を重ねて行動する。

1259
一円ずつ貯金していたが、**ちりも積もれば山となる**で、一万円にもなった。
小さなことでも継続(けいぞく)していけば、大きなものができあがる。

1260
転ばぬ先のつえで、保険に入っておこうよ。
失敗しないように、あらかじめ注意を払(はら)うことが大切だという教え。

1261
彼と私は**水魚の交わり**で、もう二十年のつきあいだ。
とても親しい結びつきのこと。

1262
子どもの私にだって、**一寸の虫にも五分の魂(たましい)**で、それなりの思いがある。
小さいものや弱いものにも、意地や根性があり、あなどれないということ。

1263
「**かわいい子には旅をさせよ**」って言うだろ。甘やかしてはだめだよ。
子どもは世の中に出して、苦労させたほうがよい。

1264
あの人にはいくら忠告をしても、**馬の耳に念仏**だ。
意見や忠告などの効き目がないこと。

1265 そんなに欲張ると、**あぶはち取らず**になってしまうよ。
欲張るとどちらも手に入れることができず、失敗する。

1266 「**壁（かべ）に耳あり障子に目あり**」だから、下手にしゃべっちゃだめだよ。
秘密はもれやすいから気をつけなさいというたとえ。

1267 こんな小さな我が家でも、**住めば都**で、意外といいもんだよね。
長く住むと、どんな所でも良く思えてくること。

1268 彼は庭師だそうだが、**紺屋（こうや）の白ばかま**で、自宅の庭は荒れ放題だ。
他人のことをするのに忙しく、自分のことは後回しだというたとえ。

1269 なくしたと騒いでいた祖母の眼鏡が頭に乗っていて、まさに**灯台下暗し**だとみんなで笑った。
身近なことはかえってわかりにくいというたとえ。

1270 体操が得意な彼が跳び箱を失敗するなんて、**猿も木から落ちる**だね。
どんなに上手な人でも、ときには失敗することがある。

1271 この店のステーキの味は、家で食べるステーキとは**月とすっぽん**だ。
二つのものが、似ているようでいて非常に違っていること。

1272 こんなすばらしい絵にくどくどした解説は**蛇足（だそく）**だよ。
あっても意味のない無用なもの。

1273 無理して沖まで行くなよ。「**かっぱの川流れ**」という言葉もあるからね。
名人でも失敗することがあるというたとえ。

1274 「**言わぬが花**」のとおり、いろいろとしゃべらないほうがいいよ。
口に出して言わないほうがいいということ。

1275 留守番をしていると、**たなからぼたもち**で、お菓子を持っておばあさんが訪ねてきた。
何もしていないのに、予想もしない幸運が巡ってくること。

1276 「**うりのつるになすびはならぬ**」のとおりの子ができた。
平凡（へいぼん）な親からは非凡な才能を持った子は生まれないことのたとえ。

1277 **魚心あれば水心**で、こちらを信頼してくれるなら、悪いようにはしないよ。
相手が好意を持つならば、自分も相手の望むようにしてあげようということ。

1278 **好きこそものの上手なれ**で、いつも絵を描いている妹は絵がうまい。
好きなことは熱心にやるから、上手になるものだ。

1279 **枯（か）れ木も山のにぎわい**というから、参加させてもらうよ。
つまらないものでも、ないよりはましであることのたとえ。

1280 兄の失敗を**他山の石**として、自分の行動の参考にしたい。
他人の誤った言動も、自分の戒（いまし）めとして役立てること。

1281 試験に二回失敗したが、**三度目の正直**で合格することができた。
二度失敗が続いても、三度目にはうまくいくこと。

1282 「**後は野となれ山となれ**」とは無責任なやつだ。
今さえよければ、後はどうなっても構わないという無責任な態度。

1283 緊急(きんきゅう)のときこそ、**急がば回れ**だよ。
急いでいるときほど、ゆっくり落ちついてやりなさいという教え。

1284 しっかり**推敲(すいこう)**しないと、いい文章にはならないよ。
文章や詩などの言葉を、何度も直して練り上げること。

1285 けんかをしたけど、**雨降って地固まる**で、前より仲良くなった。
悪いことがあったあとは、かえって物事が落ち着く。

1286 **善は急げ**だ。旅行会社に行ってプランを決めてこよう。
善いと思ったことは、すぐに取りかかるほうがいい。

1287 あの人は、**一を聞いて十を知る**かしこさです。
物事の一部を聞いただけで、全体を理解する。

1288 悪い連中とつきあうなよ。「**朱に交われば赤くなる**」というからね。
つきあう人や周りの環境によって、人は良くも悪くもなるものだということ。

1289 **井の中の蛙(かわず)大海を知らず**だったことに、やっと気がついた。
自分の狭い知識や経験にとらわれて、他に広い世界があることを知らない。

1290 そうそううまく**漁夫の利**を得ることはできないよ。
二人が争っているすきに、他の人が利益を横取りすること。

1291 彼の機嫌(きげん)が悪そうだ。「**触らぬ神にたたりなし**」で、近寄らないほうがよさそうだ。
よけいなことには関わらないほうがよい。

1292 **郷(ごう)に入りては郷に従え**で、留学先では、そこの習慣を守るようにしなさい。
その土地に行ったらその土地のやり方に合わせるのがよい。

1293 このかばんはちょっと大きいけれど、**大は小を兼(か)ねる**で、これにしておこう。
大きい物は小さい物の代わりとして使うことができる。

1294 この服は**帯に短したすきに長し**で、ぼくにも弟にも合わない。
中途半端(ちゅうとはんぱ)で役に立たないことのたとえ。

1295 あの医者はどう見ても太りすぎで、まさに**医者の不養生**だ。
他人には立派なことを言うが、自分では実行しないことのたとえ。

1296 **忠言耳に逆らう**というとおり、兄にずばりと言われても簡単には聞けなかった。
ためになる忠告は、気にさわるので、素直には聞き入れにくいものだ。

四字熟語

1297 一日千秋（いちじつせんしゅう）の思いであなたを待っています。
とても待ち遠しいこと。

1298 人は、顔も性格も千差万別（せんさばんべつ）だ。
物事の種類や様子に多くの違いがあること。

1299 彼は、ちょっと聞いたことを針小棒大（しんしょうぼうだい）に言いふらす。
小さなことを大げさに言うこと。

1300 マニュアルにないことは、臨機応変（りんきおうへん）に対応してください。
その場に応じて、適切な方法で対処すること。

1301 姉は、一心不乱（いっしんふらん）に絵をかいている。
他のことに心を乱されないほど、一つのことに集中していること。

1302 彼は「この作品は最高だ」と、自画自賛（じがじさん）していた。
自分で自分のことをほめること。

1303 早起きは健康にもよいし、時間も有効に使え、一挙両得（いっきょりょうとく）だ。
一つのことをして、二つのものを得ること。

1304 自分の失敗を他人になすりつけるとは、言語道断（ごんごどうだん）だ。
言葉にできないほどひどいこと。

1305 彼女と私は以心伝心（いしんでんしん）の仲だ。
言葉に表さなくても互いに意思が通じること。

1306 文化祭では、クラス全員が一心同体（いっしんどうたい）となって盛り上げた。
複数の人が心を一つにして結束すること。

1307 食べてやせるというダイエット法を、半信半疑（はんしんはんぎ）で聞いた。
本当かどうか信じられない様子。

1308 枝葉末節（しようまっせつ）にこだわらず、重要なことがらから決めていこう。
ささいな、どうでもよい部分。

1309 彼女とは初めて会ったときから意気投合（いきとうごう）していた。
互いに考えや意見が一致すること。

1310 人にはだれしも一長一短（いっちょういったん）があるものだ。
よいところも悪いところもあるということ。

1311 老後は田畑を耕し、自給自足（じきゅうじそく）の生活をするつもりだ。
必要なものを自分自身で生産すること。

1312 優柔不断（ゆうじゅうふだん）な姉は、進路が決められずにずっとなやんでいる。
なかなか決断ができないこと。

□ 1313
読書は、楽しみもあり、教養も得られ、一石二鳥(いっせきにちょう)だ。
一つのことをして、二つのものを得ること。

□ 1314
立身出世(りっしんしゅっせ)して、大企業の社長になるのが夢だ。
社会的に高い地位について、名声を得ること。

□ 1315
改札口がわからず、右往左往(うおうさおう)してしまった。
まごついて、あちこち動き回ること。

□ 1316
おなかが痛くなり、七転八倒(しちてんばっとう)の苦しみを味わった。
苦痛のあまり転げ回ること。

□ 1317
今回の応募作品は、大同小異(だいどうしょうい)で決め手に欠ける。
似たり寄ったりであること。

□ 1318
五人家族で男は父一人なので、何かと四面楚歌(しめんそか)の状態になる。
周りが敵ばかりであること。

□ 1319
新しい職場で、心機一転(しんきいってん)がんばります。
あることをきっかけに、気持ちが変わること。

□ 1320
弟は喜怒哀楽(きどあいらく)がすぐ顔に出るタイプだ。
人のさまざまな感情をまとめていう言葉。

□ 1321
目撃者が現れ、急転直下(きゅうてんちょっか)、事件が解決に向かった。
物事が急激に変わって、一気に終わりに近づく。

□ 1322
ここからのながめは一望千里(いちぼうせんり)だ。
一目で辺り一面が見渡せること。

□ 1323
この研究は、一朝一夕(いっちょういっせき)になされたものではない。
短い時間。

□ 1324
野生動物の世界は、まさに弱肉強食(じゃくにくきょうしょく)だ。
強いものが勝ち、弱いものがほろびること。

□ 1325
緊急時に物を買い占める行為は、我田引水(がでんいんすい)だよ。
自分に都合のいい行いをすること。

□ 1326
物静かな彼の発言は、意味深長(いみしんちょう)に聞こえる。
文章や言葉に、深い別の意味が隠されていること。

□ 1327
前回は勝ったからといって油断大敵(ゆだんたいてき)、全力でがんばろう。
気をゆるめてはいけないということ。

□ 1328
公明正大(こうめいせいだい)な選挙の実現が望まれる。
私心がなく、公正であること。

1329 彼女は**八方美人**（はっぽうびじん）だから、みんなから信用されていない。
だれに対しても愛想よくふるまう人。

1330 彼の行動を**再三再四**（さいさんさいし）注意したが、一向に改める様子がない。
何度も。

1331 それでは、**単刀直入**（たんとうちょくにゅう）に聞かせてもらいます。
いきなり本題に入ること。

1332 文化祭では、**適材適所**（てきざいてきしょ）の役割分担を考えるべきだ。
能力や性格にふさわしい仕事や地位をあたえること。

1333 ブレーキをふみ、**危機一髪**（ききいっぱつ）のところで助かった。
すぐそばに危険がせまっている状態。

1334 **千載一遇**（せんざいいちぐう）のチャンスをのがしてはいけない。
めったに訪れそうにない、よい機会。

1335 **絶体絶命**（ぜったいぜつめい）のピンチを、彼の機転で乗り切った。
危険や困難から逃れられない、追いつめられた状態。

1336 好きな本は、**十人十色**（じゅうにんといろ）だ。
考えや好みは人それぞれであること。

1337 八十歳を過ぎてのエベレスト登頂なんて、**前代未聞**（ぜんだいみもん）の快挙だ。
これまでに聞いたこともないような変わったこと。

1338 なまけていたんだから、テストでの失敗も**自業自得**（じごうじとく）だよ。
自分の悪い行いのむくいを自分で受けること。

1339 現代の科学技術は**日進月歩**（にっしんげっぽ）だ。
日々進歩すること。

1340 ぼくの予想は**百発百中**（ひゃっぱつひゃくちゅう）だ。
計画やねらいがすべて当たること。

1341 悪事の**一部始終**（いちぶしじゅう）が明らかになった。
始めから終わりまで。

1342 我が社に必要なのは、**不言実行**（ふげんじっこう）の社員だ。
あれこれ言わずにだまって実行すること。

1343 話し合いをしているのだから、**付和雷同**（ふわらいどう）では困るよ。
他人の意見に簡単に賛成すること。

1344 こんな話は、**古今東西**（ここんとうざい）聞いたことがない。
昔から今まで、どこの場所でも。

□ 1345
退職後は晴耕雨読（せいこううどく）の日々を送りたい。
世の中のわずらわしさから離れて、自由気ままに生活すること。

□ 1346
だれでも失敗はするものだ。完全無欠（かんぜんむけつ）な人間などいない。
完ぺきで欠点がないこと。

□ 1347
一進一退（いっしんいったい）で、なかなか病気が治らない。
進んだり退いたりすること。

□ 1348
五十五歳にして作家デビューとは、彼は大器晩成（たいきばんせい）だね。
大人物はあとになって成功すること。

□ 1349
赤ちゃんの表情は千変万化（せんぺんばんか）で、見ていてあきない。
さまざまに変化すること。

□ 1350
初めての読書感想文の宿題では、四苦八苦（しくはっく）したよ。
ひどく苦しむこと。

□ 1351
おぼれそうになって、無我夢中（むがむちゅう）で岸まで泳いだ。
我を忘れるほど物事に熱中すること。

□ 1352
審判には公平無私（こうへいむし）な対応が必要だ。
私情をはさまず、平等に判断すること。

□ 1353
母は、幼い末娘の一挙一動（いっきょいちどう）が気にかかる。
一つ一つの振る舞い、動作。

□ 1354
彼は終始一貫（しゅうしいっかん）して主張を曲げなかった。
最初から最後まで考えや態度がずっと変わらないこと。

□ 1355
買ったときは高いかばんだったが、二束三文（にそくさんもん）でしか売れなかった。
値段がとても安いこと。

□ 1356
有名無実（ゆうめいむじつ）な規則を定めても意味がない。
名前ばかりで実質がともなわないこと。

□ 1357
事件は五里霧中（ごりむちゅう）のまま解決の糸口さえつかめていない。
どうしたらよいか見当がつかないこと。

□ 1358
彼女は七転八起（しちてんはっき）の精神で、この研究を成功させた。
何度失敗しても立ち直ってやりぬくこと。

□ 1359
あの人は何を言っても馬耳東風（ばじとうふう）だよ。
他人の意見や忠告を聞き流すこと。

□ 1360
まさに空前絶後（くうぜんぜつご）の大事故だった。
めったにないこと。

類義語・対義語

1361	簡単	＝	容易
1362	結果	＝	結末
1363	原因	＝	理由
1364	死者	＝	故人
1365	準備	＝	用意
1366	公開	＝	公表
1367	区別	＝	差別
1368	長所	＝	美(利)点
1369	利用	＝	活用
1370	原料	＝	材料
1371	案外	＝	意外
1372	体験	＝	経験
1373	興味	＝	関心
1374	永遠	＝	永久
1375	心配	＝	不安
1376	去年	＝	昨年
1377	決心	＝	決意
1378	承知	＝	納得
1379	方法	＝	手段
1380	賛成	＝	同意
1381	進歩	＝	向上
1382	公平	＝	平等
1383	自然	＝	天然
1384	欠点	＝	短所
1385	結果	↕	原因
1386	簡単	↕	複雑
1387	困難	↕	容易
1388	過去	↕	未来
1389	安全	↕	危険
1390	短所	↕	長所
1391	間接	↕	直接
1392	許可	↕	禁止
1393	全体	↕	部分
1394	義務	↕	権利
1395	供給	↕	需要
1396	拡大	↕	縮小
1397	消極	↕	積極
1398	偶然	↕	必然
1399	客観	↕	主観
1400	回答	↕	質問
1401	現実	↕	理想
1402	一部	↕	全部
1403	開始	↕	終了
1404	解散	↕	集合
1405	賛成	↕	反対
1406	消費	↕	生産
1407	自然	↕	人工
1408	安心	↕	心配

1409	左右**タイショウ**の図。	対称
1410	中学生**タイショウ**の本。	対象
1411	**タイショウ**的な性格。	対照
1412	**キカイ**体操。	器械
1413	絶好の**キカイ**を逃す。	機会
1414	精密**キカイ**の部品。	機械
1415	**ゼッタイ**絶命のピンチ。	絶体
1416	**ゼッタイ**に勝ちたい。	絶対
1417	映画の上映**キカン**。	期間
1418	交通**キカン**が乱れる。	機関
1419	消化**キカン**の働き。	器官
1420	**キカン**支炎になる。	気管
1421	**キョウソウ**心をあおる。	競争
1422	百メートル**キョウソウ**。	競走
1423	**シュウカン**誌の発売。	週刊
1424	**シュウカン**天気予報。	週間
1425	早起きの**シュウカン**。	習慣
1426	品質を**ホショウ**する。	保証
1427	表現の自由を**ホショウ**する。	保障
1428	損害を**ホショウ**する。	補償
1429	病気が**カイホウ**に向かう。	快方
1430	校庭を**カイホウ**する。	開放
1431	人質を**カイホウ**する。	解放
1432	文章題の**カイホウ**を読む。	解法

1433	席を**アケル**。	空ける
1434	夜が**アケル**。	明ける
1435	窓を**アケル**。	開ける
1436	サービス向上に**ツトメル**。	努める
1437	議長を**ツトメル**。	務める
1438	会社に**ツトメル**。	勤める
1439	国を**オサメル**。	治める
1440	学問を**オサメル**。	修める
1441	成功を**オサメル**。	収める
1442	税金を**オサメル**。	納める
1443	朝は起きるのが**ハヤイ**。	早い
1444	流れの**ハヤイ**川。	速い
1445	**アタタカイ**料理。	温かい
1446	**アタタカイ**気候。	暖かい
1447	言葉に**アラワス**。	表す
1448	正体を**アラワス**。	現す
1449	書物を**アラワス**。	著す
1450	スープが**サメル**。	冷める
1451	早く目が**サメル**。	覚める
1452	**ハジメ**て着る服。	初め
1453	授業を**ハジメ**る。	始め
1454	**アツイ**一日だった。	暑い
1455	**アツイ**お茶を飲む。	熱い
1456	**アツイ**本。	厚い

1457	彼《かれ》**トクユウ**の言い回しだ。	特有
1458	健康には食生活が**ジュウヨウ**だ。	重要
1459	**イジョウ**なにおいが鼻をつく。	異常
1460	新しい**タンニン**は音楽の先生だ。	担任
1461	屋根の**ホシュウ**工事を頼《たの》んだ。	補修
1462	失敗からも**キョウクン**をくみ取る。	教訓
1463	かぜを**コウジツ**に欠席する。	口実
1464	外務大臣がアジア**ショコク**を訪ねる。	諸国
1465	革命の**キウン**が高まる。	気運
1466	借りた金を**ヘンサイ**する。	返済
1467	**カケイ**をたどって先祖を知る。	家系
1468	生活の安定は**セツジツ**な願いです。	切実
1469	十分な討議の後に**サイケツ**をする。	採決
1470	**フモウ**の地とされるさばく地帯。	不毛
1471	きっと成功するから**ジシン**を持て。	自信
1472	その絵には不思議な**ミリョク**がある。	魅力
1473	**イッシュン**自分の目を疑った。	一瞬
1474	クラスの中でも**クッシ**の力持ちだ。	屈指
1475	それは**キジョウ**の空論だ。	机上
1476	昨日は今年の**サイテイ**気温だった。	最低
1477	もうひと**クフウ**してください。	工夫
1478	主人に**チュウジツ**な飼い犬だ。	忠実
1479	ぶどうを**ジュクセイ**させてワインを造る。	熟成
1480	彼は新記録の**ジュリツ**に燃えている。	樹立

1481	**コウキシン**がおう盛な子どもだ。	好奇心
1482	窓を開けて**シンコキュウ**する。	深呼吸
1483	川が**ケイカイ**水位に達した。	警戒
1484	川の**ゲンリュウ**までさかのぼる。	源流
1485	新製品が**フキュウ**し始めた。	普及
1486	忠告は**スナオ**に受け止めなさい。	素直
1487	世界の**ヒキョウ**を探検する。	秘境
1488	内心とは**ウラハラ**な発言をする。	裏腹
1489	評判の**エイガ**を見に行く。	映画
1490	社会人にも**モンコ**を開いている大学。	門戸
1491	全校の**ジドウ**が体育館に集まる。	児童
1492	試合開始直後に**センセイ**点を入れる。	先制
1493	目標達成は**シナン**のわざだ。	至難
1494	**トウブン**ひかえめのお菓子だ。	糖分
1495	修理には**トクシュ**な道具がいる。	特殊
1496	**ガゾウ**をパソコンで転送する。	画像
1497	彼《かれ》は**タカビシャ**な物言いをする。	高飛車
1498	火災の**ケイホウ**機が鳴りだす。	警報
1499	彼の絵は展覧会で**ゼッサン**された。	絶賛
1500	複雑な計算を**シュンジ**に行う。	瞬時
1501	池の周りは**モクソク**で百メートルだ。	目測
1502	**ゼイリツ**が上がって物価を押《お》し上げる。	税率
1503	**フソク**の事態に備える必要がある。	不測
1504	目にも止まらぬ**ハヤワザ**に感心した。	早業

- 1505 上司の**ホサ**を頼《たの》まれる。 補佐
- 1506 神社で合格を**キガン**する。 祈願
- 1507 とれたての**センギョ**が並ぶ店。 鮮魚
- 1508 運動会の**ジキュウソウ**に出る。 持久走
- 1509 強い**イシ**があれば必ず実現する。 意志
- 1510 新しい会長が**シュウニン**した。 就任
- 1511 **キンセン**上のトラブルは避《さ》けたい。 金銭
- 1512 ダムの水量の**ゾウゲン**を調査する。 増減
- 1513 **エンドウ**で祭りの行列を見物する。 沿道
- 1514 国語**ジテン**の引き方を習う。 辞典
- 1515 **トウシ**を込《こ》めて土俵に上がった。 闘志
- 1516 戦後に領土が**ブンカツ**された。 分割
- 1517 立体**コウサ**にして事故を防ぐ。 交差
- 1518 厳しい訓練に**ヨワネ**をはく。 弱音
- 1519 つった魚を**サッソク**料理する。 早速
- 1520 このままでは**メンボク**が立たない。 面目
- 1521 **カイラク**を追い求める。 快楽
- 1522 **キャクチュウ**を参照して読み進める。 脚注
- 1523 赤い**サイフ**を拾った。 財布
- 1524 番組の**シュウロク**が終わった。 収録
- 1525 **テンコウ**の悪化で欠航となった。 天候
- 1526 出し物に**シュコウ**をこらす。 趣向
- 1527 今日は**カソウ**行列が行われる。 仮装
- 1528 新しい会社が**ホッソク**した。 発足

1529 **ヒョウガ**の後退が進んでいるそうだ。 氷河

1530 人類と核《かく》は**キョウゾン**できない。 共存

1531 生活**ヒツジュヒン**が値上げされた。 必需品

1532 被災地《ひさいち》で**キュウゴ**に走り回る。 救護

1533 言葉の**ボウリョク**は許されない。 暴力

1534 **トウジ**にはカボチャを食べる風習がある。 冬至

1535 山中で**シュギョウ**する僧《そう》たち。 修行

1536 友人が急に**ライホウ**したいと言ってきた。 来訪

1537 ここのふろは**ゲンセン**かけ流しです。 源泉

1538 彼《かれ》はこの分野の事を**ジュクチ**している。 熟知

1539 別れた人に**シンアイ**の情をいだく。 親愛

1540 発言の**シンイ**がわからない。 真意

1541 需要《じゅよう》に**キョウキュウ**が追いつかない。 供給

1542 今夜は**フンパツ**して有名料理店へ行こう。 奮発

1543 病気の祖父を**カイホウ**する。 介抱

1544 きれいな民族**イショウ**を着る。 衣装

1545 試合に備えて**リンセン**態勢をとる。 臨戦

1546 **コジン**の生前の姿をしのぶ。 故人

1547 晴れたので二人で**コガイ**を散歩する。 戸外

1548 **ミップウ**して冷蔵庫に入れる。 密封

1549 やっかいな問題を**カイヒ**する。 回避

1550 ふろ上がりに**ギュウニュウ**を飲む。 牛乳

1551 いつも**カンシャ**の気持ちを持ちなさい。 感謝

1552 夜八時**イコウ**は店を閉める。 以降

1553	**シュウノウ**を考えて家を建てる。	収納
1554	**ヒツゼツ**に尽《つ》くしがたい出来事だった。	筆舌
1555	足の**キンニク**が疲労《ひろう》する。	筋肉
1556	**ヒョウリ**は一体だと言われている。	表裏
1557	重要書類を**ホカン**する。	保管
1558	美の**キョクチ**を表す作品だといわれる。	極致
1559	次の仕事を新入部員に**シジ**する。	指示
1560	**ブキ**を捨てて話し合おう。	武器
1561	借りた図書を**ヘンキャク**する。	返却
1562	講演会で**ユウエキ**な話を聞く。	有益
1563	さあ皆さんお手を**ハイシャク**。	拝借
1564	不正な経理操作を**コクハツ**する。	告発
1565	三つの支店を**トウゴウ**する。	統合
1566	気候に**イヘン**が起きている。	異変
1567	**チョメイ**な作家の本を読む。	著名
1568	人目を引く**ハデ**な洋服だ。	派手
1569	**イギ**を正して式場に入る。	威儀
1570	ある人物の年齢《ねんれい》を**スイテイ**する。	推定
1571	この道具はたいへん**チョウホウ**する。	重宝
1572	彼《かれ》は文学賞を**コジ**した。	固辞
1573	少年は**ジガ**に目覚める年齢《ねんれい》だ。	自我
1574	**イチョウ**が弱いので食べ過ぎに注意。	胃腸
1575	その案に何の**イギ**もありません。	異議
1576	印象に残った場面の**エイゾウ**を見る。	映像

- 1577 **カクギ**での決定が発表された。　閣議
- 1578 働く若者の**ジッタイ**を調査する。　実態
- 1579 祖父の**ユイゴン**を守る。　遺言
- 1580 優勝して**カンルイ**にむせぶ。　感涙
- 1581 私鉄の**エンセン**に住む。　沿線
- 1582 高層ビルが**リンリツ**する大都会。　林立
- 1583 彼女が**シンミ**になって世話をしてくれた。　親身
- 1584 その**ハイユウ**は個性的なことで有名だ。　俳優
- 1585 **ケッキョク**うまくいかなかった。　結局
- 1586 決勝に進めれば**ホンモウ**だ。　本望
- 1587 **マイゴ**にならないように手を引いて歩く。　迷子
- 1588 思っていることを**タンテキ**に表現する。　端的
- 1589 量販店で**アンカ**な品物を買う。　安価
- 1590 **コウミョウシン**から先陣《せんじん》を争う。　功名心
- 1591 社員の**サイヨウ**試験を行う。　採用
- 1592 現在は変動**ツウカ**制がとられている。　通貨
- 1593 世代の**ダンゼツ**が大きな問題になる。　断絶
- 1594 人種で**サベツ**するのはおろかなことだ。　差別
- 1595 その結果に**マンゾク**する。　満足
- 1596 自分の座席を**カクホ**しておく。　確保
- 1597 事件の**シンソウ**を明らかにする。　真相
- 1598 食事と健康は**ミッセツ**に関係している。　密接
- 1599 両国が**キンパク**した状況《じょうきょう》になる。　緊迫
- 1600 デパートで**ステキ**な洋服を見つけた。　素敵

1601	生徒を**インソツ**して遠足に行く。	引率
1602	ビルの建材には**コウテツ**を使う。	鋼鉄
1603	現在のところ**ショウコウ**を保っている。	小康
1604	新たな問題が**ハセイ**した。	派生
1605	みんなで**イッショ**に帰った。	一緒
1606	新しい事業に**チャクシュ**する。	着手
1607	病気の**チョウコウ**が発見された。	兆(徴)候
1608	もはや恥《はじ》も**ガイブン**もない。	外聞
1609	過去の例から**ルイスイ**すればわかる。	類推
1610	選挙で新人の**ヤクシン**が目立つ。	躍進
1611	**ナイゾウ**の病気にかかる。	内臓
1612	**シッソ**な生活を送る。	質素
1613	その映画の結末は**アッカン**だ。	圧巻
1614	新入生の活躍《かつやく》に**キタイ**する。	期待
1615	**テツボウ**で逆上がりをする。	鉄棒
1616	学校で**ボウサイ**訓練が行われた。	防災
1617	三角**ジョウギ**で作図する。	定規
1618	平和運動を**スイシン**する。	推進
1619	注射で**カンセン**を防ぐ。	感染
1620	**ヘイイ**な文体で手紙を書く。	平易
1621	国際**シンゼン**に力を尽《つ》くす。	親善
1622	**シフク**の警官が張り込《こ》んでいる。	私服
1623	小鳥が**イッセイ**に飛び立つ。	一斉
1624	私が責任の**イッサイ**を負います。	一切

1625	彼《かれ》は**ユウフク**な家庭に育った。	裕福
1626	**ジョウキョウ**証拠《しょうこ》だけでは起訴《きそ》できない。	状況
1627	電気の**ショウヒ**量がピークを迎《むか》える。	消費
1628	友人が亡くなり**ヒツウ**な表情を浮かべる。	悲痛
1629	新大陸への**コウカイ**に出る。	航海
1630	医療《いりょう》で使われる**セイミツ**な機械。	精密
1631	単純**メイカイ**な方法を選ぶ。	明快
1632	**リョウシツ**な石炭がとれたところだ。	良質
1633	店員の態度に**モンク**を言う。	文句
1634	美しい**ジョウケイ**が忘れられない。	情景
1635	**ゼンコウ**を積むことを目標とする。	善行
1636	お金の**タイシャク**を清算する。	貸借
1637	仲間内では**アンモク**の了解事項《りょうかいじこう》だ。	暗黙
1638	**ジソンシン**を持ちなさい。	自尊心
1639	この空は台風の**ゼンチョウ**だ。	前兆
1640	くまの冬眠《とうみん》は**ホンノウ**によるものか。	本能
1641	先生が転入生を**ショウカイ**した。	紹介
1642	姉の**カドデ**をみんなで祝う。	門出
1643	たいしたことはないと**ケイシ**するな。	軽視
1644	国会で法案の**コッシ**が説明された。	骨子
1645	駅前に自転車を**ホウチ**するな。	放置
1646	その計画には改善の**ヨチ**がある。	余地
1647	大きな**ヒメイ**が聞こえてびっくりした。	悲鳴
1648	スピード違反《いはん》の車に**ケイコク**する。	警告

- 1649 不純物を**ジョキョ**して飲料水を作る。 — 除去
- 1650 遊びの**ヨウソ**を取り入れる。 — 要素
- 1651 **シシュツ**をできるだけ抑《おさ》える。 — 支出
- 1652 宇宙の成り立ちを**タンキュウ**する。 — 探究
- 1653 電車が**ケイテキ**を鳴らして通過する。 — 警笛
- 1654 テレビ番組を**ロクガ**する。 — 録画
- 1655 **カタガワ**三車線の高速道路。 — 片側
- 1656 老後は**イナカ**で暮らしたい。 — 田舎
- 1657 新しい技法を**クシ**して制作する。 — 駆使
- 1658 国民には**ショクギョウ**選択の自由がある。 — 職業
- 1659 **ヨホド**のことがない限り予定通りにやります。 — 余程
- 1660 宇宙は**サイゲン**なく広がっている。 — 際限

- 1661 勝利に**イヨク**を燃やす。 — 意欲
- 1662 日が落ちて**ガイロトウ**がつく。 — 街路灯
- 1663 年賀状の**ハンガ**を彫《ほ》る。 — 版画
- 1664 **リュウイキ**面積の広い川だ。 — 流域
- 1665 好機に**ツウカイ**な一打を浴びせた。 — 痛快
- 1666 **ソザイ**をうまく生かして料理する。 — 素材
- 1667 大雨で**ドシャ**災害が起こった。 — 土砂
- 1668 このままでは**ケイセイ**が不利だ。 — 形勢
- 1669 会社への**キゾク**意識が強い。 — 帰属
- 1670 民営化前は**カンセイ**はがきと呼んでいた。 — 官製
- 1671 剣《けん》道《どう》の型を**タイトク**する。 — 体得
- 1672 明るく**セイキ**にあふれた顔をしている。 — 生気

1673	**コウキュウ**の平和を切に願う。	恒久
1674	正倉院《しょうそういん》の**ヒホウ**が公開された。	秘宝
1675	日本は**コウレイ**社会だ。	高齢
1676	古代の**イセキ**を発掘《はっくつ》する。	遺跡
1677	昔は国王が国を**トウチ**していた。	統治
1678	一日乗り放題の**キップ**を買う。	切符
1679	**レイギ**をわきまえて行動する。	礼儀
1680	**セダイ**交代を図る必要がある。	世代
1681	今や**ゲンシテキ**な生活はできない。	原始的
1682	**テンキョ**先不明で手紙が返ってきた。	転居
1683	**ケイソツ**な言葉を反省する。	軽率
1684	がんを**セイアツ**する新薬が開発された。	制圧
1685	あなたの健康**ジョウタイ**は良好です。	状態
1686	昔から医は**ジンジュツ**であると言われる。	仁術
1687	標準の**キカク**に合った紙の寸法。	規格
1688	祖父は家族に**イショ**を残した。	遺書
1689	**ボウエン**カメラで富士山を撮《と》る。	望遠
1690	**ヒニク**にも彼《かれ》の予想が当たった。	皮肉
1691	彼は外国に**イジュウ**した。	移住
1692	漢字の**ケンテイ**試験を受ける。	検定
1693	馬の**タヅナ**を強く握《にぎ》る。	手綱
1694	大きな構えの**ジョウモン**をくぐる。	城門
1695	立ち退きを**キョウヨウ**され困る。	強要
1696	通《とお》り魔《ま》事件に**キョウフ**を覚える。	恐怖

1697	都市部の大気**オセン**が進んでいる。	汚染
1698	**チュウモン**の多い料理店。	注文
1699	我が家は**センゾ**代々薬屋だ。	先祖
1700	明日は九州に**シュッチョウ**だ。	出張
1701	野手は打球に素早く**ハンノウ**した。	反応
1702	訪問客を**ゲンカン**まで送る。	玄関
1703	競技場の**ガイカン**は洗練されている。	外観
1704	**トトウ**を組んで押《お》しかける。	徒党
1705	道路上で立ち**オウジョウ**する。	往生
1706	外出時は**ゲンジュウ**に戸《と》締《じ》まりをする。	厳重
1707	北海道への**テンキン**が決まった。	転勤
1708	**ハクリョク**満点の映画だ。	迫力
1709	非常用に**カイチュウ**電灯を準備する。	懐中
1710	私の妹は**リハツ**な子だ。	利発
1711	**リコテキ**な考えは捨てなさい。	利己的
1712	商品の使い方を**サッシ**にまとめる。	冊子
1713	勉強する前にいつも**コウチャ**を飲む。	紅茶
1714	**マイキョ**にいとまがないとはこのことだ。	枚挙
1715	プロ野球のリーグ戦が**カイマク**した。	開幕
1716	経費をできるだけ**セツゲン**する。	節減
1717	試験の**セイゲン**時間は五十分です。	制限
1718	勉強して**チシキ**を広げる。	知識
1719	命の**ソンゲン**を主張する。	尊厳
1720	**カザイ**道具に保険をかける。	家財

1721	これは**キショウ**価値のある金属だ。	希少
1722	お知らせを**インサツ**して配る。	印刷
1723	国際連合に**カメイ**している国々。	加盟
1724	大きな危機に**チョクメン**する。	直面
1725	自動**ハンバイ**機でジュースを買った。	販売
1726	物事の**ホンシツ**に迫る。	本質
1727	四番打者が**ホンリョウ**を発揮した。	本領
1728	その意見に**キョウメイ**した。	共鳴
1729	記念切手を**シュウシュウ**する。	収集
1730	老人の**ムチ**につけこんだ犯罪。	無知
1731	手の込《こ》んだ**サイク**がされたグラスだ。	細工
1732	急に**ショカ**の陽気になった。	初夏
1733	見事に会社を**サイケン**する。	再建
1734	両国はいま**テキタイ**関係にある。	敵対
1735	我が家は駅から**トホ**五分です。	徒歩
1736	遠くから**ジョヤ**の鐘《かね》が聞こえる。	除夜
1737	台風で**チョスイチ**があふれた。	貯水池
1738	左右に気をつけて道路を**オウダン**する。	横断
1739	近ごろ**カンダン**の差が激しい。	寒暖
1740	雑木林の中を**サンサク**する。	散策
1741	**サイダイ**もらさず記録してください。	細大
1742	いちばんに**リョカク**の安全を図る。	旅客
1743	雨で遠足が**ジュンエン**になった。	順延
1744	古都には有名な神社や**ブッカク**が多い。	仏閣

1745	急に**ホッサ**が起こることがある。	発作
1746	今日は何の**エモノ**もなかった。	獲物
1747	**ドクジ**のやり方で問題を解決する。	独自
1748	点を入れられ**ハイショク**濃厚《のうこう》となった。	敗色
1749	最新の技術を**ドウニュウ**する。	導入
1750	少年時代を**カイソウ**する。	回想
1751	**フウカ**して変色した壁《かべ》。	風化
1752	忘れ物を駅の**イシツ**物係に届ける。	遺失
1753	あなたを**シンソコ**信頼《しんらい》しています。	心底
1754	さあ**ドキョウ**をふるい起こすときだ。	度胸
1755	君の**サシズ**は受けない。	指図
1756	腹痛で**ホケン**室に行く。	保健
1757	**ユウタイ**券をもらって映画に行く。	優待
1758	**ネンガン**の大学に合格した。	念願
1759	他人の**リョウイキ**に踏《ふ》み込《こ》んだ。	領域
1760	ふろ場には**ユゲ**が立ちこめている。	湯気
1761	給与から**テイガク**を差し引く。	定額
1762	**シンク**のバラが玄関《げんかん》に飾《かざ》ってある。	真紅
1763	いつも**キボウ**を持って前へ進む。	希望
1764	河原に雑草が**ハンモ**している。	繁茂
1765	**ドクリツ**記念日を祝う。	独立
1766	この町は通学に**ベンリ**だ。	便利
1767	**ゲシ**のころは昼間の時間が長い。	夏至
1768	技をかけて**ユウイ**な態勢に持ちこむ。	優位

1769 職業らんに**チョジュツ**業と書く。 著述

1770 **ミチ**の分野に足を踏《ふ》み出す。 未知

1771 **ブナン**な方法で処理をしてください。 無難

1772 **ケイダイ**で盆踊《ぼんおど》りがあった。 境内

1773 **サンプク**の小屋で休憩《きゅうけい》する。 山腹

1774 この田畑を**シソン**に残す。 子孫

1775 くつの**スンポウ**は二十五センチです。 寸法

1776 記事に**チョウフク**がないか点検する。 重複

1777 我々には地球を守る**シメイ**がある。 使命

1778 優勝の祝賀会を**キョコウ**する。 挙行

1779 宗派の**カイソ**といわれる人物。 開祖

1780 田畑の**ブンプ**を図で示す。 分布

1781 値段が高いのが**ナンテン**だね。 難点

1782 あくまで**シンリ**を求めて研究する。 真理

1783 郊外《こうがい》の**チンタイ**住宅に住む。 賃貸

1784 有名画家の絵を**モシャ**する。 模写

1785 春から夏へ**キセツ**が移り変わる。 季節

1786 夫婦に**タイボウ**の子どもが生まれた。 待望

1787 **ヒルイ**のない美しさを誇《ほこ》る山。 比類

1788 疑いが晴れて**シャクホウ**された。 釈放

1789 思いやりが**ケツジョ**した人だ。 欠如

1790 君は本当に発想が**ヒンコン**だね。 貧困

1791 年末はいつも**タボウ**をきわめる。 多忙

1792 この絵から何を**レンソウ**しますか。 連想

1793	駅の**コウナイ**で待ち合わせる。	構内
1794	市長の住民無視の発言に**コウギ**する。	抗議
1795	その**カセツ**が正しいか実験する。	仮説
1796	**シュクメイ**だとあきらめるな。	宿命
1797	事態を**ジュウシ**する必要がある。	重視
1798	けがをした選手がようやく**フッキ**した。	復帰
1799	季節の変化に**ジュンノウ**する。	順応
1800	それについて私は**カンチ**しない。	関知
1801	必要性を**キョウチョウ**する。	強調
1802	山頂からの眺《なが》めは**ユウダイ**だ。	雄大
1803	彼女《かのじょ》を演奏会に**ゴウイン**に誘《さそ》った。	強引
1804	**ケンアク**なふんいきがただよう。	険悪
1805	容疑者は無実だと**ベンゴ**する。	弁護
1806	**シジョウ**の喜びにふるえる。	至上
1807	新入生の**カンゲイカイ**を開く。	歓迎会
1808	選手を**ヨウセイ**する学校です。	養成
1809	彼《かれ》は**ブンブ**両道で活躍《かつやく》している。	文武
1810	長文の途中《とちゅう》を**カツアイ**する。	割愛
1811	この難問には**コウサン**だ。	降参
1812	東海地方の**エンガン**を台風が通過する。	沿岸
1813	王女の**ユウビ**なドレスが話題になる。	優美
1814	毎日**コウゴ**に掃除《そうじ》当番をする。	交互
1815	地震《じしん》で幹線道路が**セツダン**された。	切断
1816	事故の原因を**トクテイ**する。	特定

1817	病院で**ノウハ**の検査をしてもらった。	脳波
1818	無条件**コウフク**をする。	降伏
1819	この車は**ネンピ**が非常によい。	燃費
1820	日本国憲法が**コウフ**された。	公布
1821	外国で**エンセイ**試合をする。	遠征
1822	父は商社に**キンム**している。	勤務
1823	物語の主人公は花の**ケシン**だった。	化身
1824	けんかの**チュウサイ**をした。	仲裁
1825	事件の**ハイゴ**には隠《かく》された問題がある。	背後
1826	商品を**セイゼン**と棚《たな》に並べる。	整然
1827	試合は十対一で**アッショウ**した。	圧勝
1828	社会の**ヨウソウ**が一変した。	様相
1829	歴史に残る仏像を**ハイカン**する。	拝観
1830	**ゼツボウ**のふちからはい上がる。	絶望
1831	この道なら**カクジツ**に駅へ行ける。	確実
1832	**カンマツ**にある付録を利用する。	巻末
1833	実験で動物の**シュウセイ**を研究する。	習性
1834	人によって考えは**ソウイ**する。	相違
1835	この本は私の**アイドクショ**です。	愛読書
1836	かごを**ジサン**して買い物をする。	持参
1837	彼《かれ》の言動に**ムショウ**に腹が立つ。	無性
1838	卒業式で**シュクジ**を述べる。	祝辞
1839	広大な**カジュエン**が広がっている。	果樹園
1840	一方に**カタン**するのはよくない。	加(荷)担

1841 幾多《いくた》の**クナン**を乗り越《こ》えてきた。　苦難

1842 長い時を経て**タイカ**した器官。　退化

1843 **アクム**のような事件が起きた。　悪夢

1844 みんなでにぎやかに**ダンショウ**した。　談笑

1845 風景画の**コウズ**を決める。　構図

1846 今度の決定には**フマン**だ。　不満

1847 試合では**レイセイ**さを保て。　冷静

1848 山上からの見事な**ケイカン**。　景観

1849 隠《かく》さず**ショウジキ**に答えてください。　正直

1850 兄の言葉に**ハップン**して勉強する。　発奮

1851 私には**フクゾウ**なく話してください。　腹蔵

1852 実験に使う液体を**ヨウキ**に入れる。　容器

1853 自分の過ちを**ベンカイ**する。　弁解

1854 **カンソ**な住まいで暮らしている。　簡素

1855 犬はにおいに**ビンカン**だ。　敏感

1856 世の中には**フジョウリ**なことが多い。　不条理

1857 最近の**フウチョウ**にはついて行けない。　風潮

1858 身分**ソウオウ**の身なりをする。　相応

1859 国の経済は**テイメイ**している。　低迷

1860 この**ケシキ**はいつか写真で見た。　景色

1861 大事な本を**チマナコ**になって探す。　血眼

1862 新しいドラマの**コウソウ**を練る。　構想

1863 今日はこれで**シッケイ**するよ。　失敬

1864 やはり予想が**テキチュウ**した。　的中

1865 名曲をきいて**ジョウソウ**を豊かにする。 情操

1866 **ノウム**のため視界がきかない。 濃霧

1867 **セイゾウ**過程に問題があった。 製造

1868 **キョヨウ**できる範囲《はんい》の大きさだ。 許容

1869 公定**ブアイ**が不安定だ。 歩合

1870 決めたことは**イジ**でもやる。 意地

1871 **ホウシャ**状に道路がのびている。 放射

1872 ねこに**ショウジ**を破られた。 障子

1873 長年の夢が**ジョウジュ**した。 成就

1874 適当な運動は健康に**フカケツ**だ。 不可欠

1875 **ナイカク**不信任案が可決された。 内閣

1876 この駅は非常に**ジョウコウ**客が多い。 乗降

1877 重要な**ショウコ**が挙がった。 証拠

1878 物事に**シンチョウ**な人だ。 慎重

1879 問題解決に向けて**ゼンショ**してください。 善処

1880 実験が成功し**ウチョウテン**になる。 有頂天

1881 食欲を**シゲキ**するよいかおりだ。 刺激

1882 自動車の**セイノウ**は年々よくなる。 性能

1883 賞をいただき身に余る**コウエイ**です。 光栄

1884 買い物をきれいな紙で**ホウソウ**してもらう。 包装

1885 議員は国民の**ダイベンシャ**だ。 代弁者

1886 審判《しんぱん》に**フフク**を言ってもむだだ。 不服

1887 彼女《かのじょ》はピアノが**ジョウズ**だ。 上手

1888 ボールの**チョッケイ**を測る。 直径

1889 芭蕉《ばしょう》の俳句が**エイヤク**されている。 英訳

1890 いよいよ**シュクテキ**と対戦する。 宿敵

1891 政治家の発言が**ブツギ**をかもす。 物議

1892 努力を**トロウ**に終わらせたくない。 徒労

1893 特訓の**セイカ**を試合で発揮する。 成果

1894 教授はほんとうに**ハクシキ**な人だ。 博識

1895 **ソッチョク**な意見をきく。 率直

1896 特別**テンネン**記念物に指定される。 天然

1897 犬の散歩は私の**ニッカ**だ。 日課

1898 努力して難関を**トッパ**した。 突破

1899 遠足の日程を**カクニン**する。 確認

1900 父は**コウセイ**労働省の役人だ。 厚生

1901 議案に対する**サンピ**を問う。 賛否

1902 あの人には音楽の**ソヨウ**がある。 素養

1903 外国に車を**ユシュツ**している。 輸出

1904 **ハンザイ**のない住みよい町だ。 犯罪

1905 この前の話ならもう**ケッコウ**です。 結構

1906 昔は物々**コウカン**が行われていた。 交換

1907 廃品《はいひん》のリサイクルを**テイショウ**する。 提唱

1908 市長選挙には**フクスウ**の立候補がある。 複数

1909 古代史に**セイツウ**している学者。 精通

1910 仏前に正座して**モクソウ**する。 黙想

1911 自分**カッテ**に行動するな。 勝手

1912 休日を**ヘンジョウ**して働く。 返上

□ 1913	天気が**シダイ**に回復してきた。	次第
□ 1914	**ホウカゴ**のクラブ活動に励《はげ》む。	放課後
□ 1915	今日は**キンロウ**感謝の日です。	勤労
□ 1916	最近は**タンチョウ**な生活を送っている。	単調
□ 1917	**ゲンゼン**とそびえ立つ山々。	厳然
□ 1918	大統領の**ゴエイ**をする。	護衛
□ 1919	石油を**セツヤク**する必要がある。	節約
□ 1920	**カクベツ**な取り計らいに感謝する。	格別
□ 1921	塩の**セイセイ**過程を見学する。	精製
□ 1922	私の記事が雑誌に**ケイサイ**された。	掲載
□ 1923	**ヒツゼン**の結果そうなった。	必然
□ 1924	軽く**エシャク**して席に着いた。	会釈
□ 1925	質問に**ジュッコウ**してから答える。	熟考
□ 1926	学費の**ホジョ**を受ける。	補助
□ 1927	災害復旧の活動を**シエン**する。	支援
□ 1928	**テイサイ**のいい身なりをしなさい。	体裁
□ 1929	複雑な**シンキョウ**を語る。	心境
□ 1930	車の**セッショク**事故があった。	接触
□ 1931	**ゼッカイ**の孤《こ》島《とう》に流される。	絶海
□ 1932	印刷と実物の色に微《び》妙《みょう》な**サイ**がある。	差異
□ 1933	その申し出は**ジタイ**します。	辞退
□ 1934	今までの**ジョウシキ**が通用しない。	常識
□ 1935	会社は**ソウリツ**百周年を迎《むか》える。	創立
□ 1936	貿易**シュウシ**が改善された。	収支

□ 1937	営業部への**ハイゾク**が決まった。	配属
□ 1938	新たな問題を**カイケツ**する。	解決
□ 1939	上流から**カコウ**まで舟《ふね》で下った。	河口
□ 1940	水不足は生活に**シショウ**をきたす。	支障
□ 1941	**コキョウ**を思い出させる風景だ。	故郷
□ 1942	敵を**ホウイ**する作戦をとる。	包囲
□ 1943	**コウキョ**の周りをジョギングする。	皇居
□ 1944	通りの向こうの友人に**アイズ**した。	合図
□ 1945	祖父は毎晩**セントウ**に行く。	銭湯
□ 1946	普段《ふだん》の**フクソウ**でおいでください。	服装
□ 1947	まず**ジョウセキ**通りにやってみなさい。	定石
□ 1948	新入会員として**トウロク**する。	登録
□ 1949	残念だが計画を**ダンネン**した。	断念
□ 1950	地球の自転の**シュウキ**を算出する。	周期
□ 1951	今月号の**フロク**は何だろう。	付録
□ 1952	被災《ひさい》地の**フッコウ**が待たれる。	復興
□ 1953	**レイゾウコ**から卵を出す。	冷蔵庫
□ 1954	私の兄はスポーツ**バンノウ**だ。	万能
□ 1955	**キョウヨウ**が豊かな女性だ。	教養
□ 1956	呼びかけに**キョウカン**する。	共感
□ 1957	**セッキン**して野鳥を観察する。	接近
□ 1958	判断できる**シャクド**がない。	尺度
□ 1959	高波に備えて海岸の**ケイビ**にあたる。	警備
□ 1960	調査項目《こうもく》を**ブンルイ**する。	分類

□ 1961	かぜを引いて**オカン**がする。	悪寒
□ 1962	各地を**ユウゼイ**して回る。	遊説
□ 1963	転校生に**コウイ**を持つ。	好意
□ 1964	新鮮《しんせん》な**ヤサイ**でサラダを作る。	野菜
□ 1965	商品の**メイショウ**を考える。	名称
□ 1966	いろいろな**ヨウイン**が考えられる。	要因
□ 1967	戦国の**ブショウ**が主人公の小説だ。	武将
□ 1968	競技場でサッカーを**カンセン**する。	観戦
□ 1969	打者が**カイシン**の一打を放った。	会心
□ 1970	伝言を友人に**イライ**した。	依頼
□ 1971	完成した**セイヒン**を納める。	製品
□ 1972	**セッセイ**のおかげで大選手になった。	節制
□ 1973	かなり**サンミ**の強いレモンだ。	酸味
□ 1974	いつも読む**シュウカンシ**を買う。	週刊誌
□ 1975	重要な点が**ケツラク**している。	欠落
□ 1976	弟は**コイ**に皿を割ったのか。	故意
□ 1977	この件では**ゼンアク**の評価は難しい。	善悪
□ 1978	**キンセイ**のとれた美しい顔立ち。	均整
□ 1979	台風で工場の機械が**ソンショウ**した。	損傷
□ 1980	心のなごむ話に**ビショウ**がもれた。	微笑
□ 1981	うれしくて**ケイカイ**に歩く。	軽快
□ 1982	仕事の**ノウリツ**を上げる。	能率
□ 1983	スポーツでストレスを**ハッサン**する。	発散
□ 1984	野牛の**タイグン**が草原を行く。	大群

1985	言葉を**テイギ**するのはなかなか難しい。	定義
1986	彼《かれ》は**マンメン**の笑みを浮かべた。	満面
1987	植物の**セイタイ**に関する本です。	生態
1988	学校の文化祭で**ガッソウ**した。	合奏
1989	**レンメン**と続く家系だと言われている。	連綿
1990	**サッコン**の寒さは格別だ。	昨今
1991	今年の**ツユ**は例年より長い。	梅雨
1992	工場が**ソウギョウ**を始める。	操業
1993	駅までの**ショヨウ**時間をきく。	所要
1994	永久平和を**キキュウ**する。	希求
1995	なかなか**リコウ**な子だ。	利口
1996	あの人はお金に**ムヨク**だ。	無欲
1997	再会を喜んで**アクシュ**を交わした。	握手
1998	当初の目標を**タッセイ**する。	達成
1999	その意見は多くの**ヒハン**を浴びた。	批判
2000	ドラマは**ゲキテキ**な幕切れとなった。	劇的
2001	必ず勝つと**ダンゲン**するよ。	断言
2002	本部からの**シレイ**を伝達する。	指令
2003	新しい**セイサク**が発表される。	政策
2004	住み慣れた**カオク**を建て直す。	家屋
2005	国語辞典で**ゴギ**を調べる。	語義
2006	合格の**ロウホウ**を家族に伝える。	朗報
2007	新しい**コウミャク**が発見された。	鉱脈
2008	試合は同点で**エンチョウ**に入った。	延長

2009	旧友とばったり**サイカイ**した。	再会
2010	両親には**ハイク**の趣味《しゅみ》がある。	俳句
2011	**ゲキジョウ**は親子で満員になった。	劇場
2012	彼《かれ》は**ナマイキ**だが根は素直だ。	生意気
2013	今年は店を**カイソウ**する予定だ。	改装
2014	過去の栄光に**ミレン**などない。	未練
2015	父の**エンコ**で就職した。	縁故
2016	彼の**ゾウショ**は一万冊を越《こ》える。	蔵書
2017	**キョウチョウ**の心で事に当たる。	協調
2018	この**ヌノジ**で着物を作りたい。	布地
2019	害虫用の農薬を**サンプ**する。	散布
2020	小さい船で大海を**コウコウ**する。	航行
2021	全員に**ゴウレイ**をかける。	号令
2022	**シキュウ**お願いします。	至急
2023	これぞ文明の**リキ**だ。	利器
2024	一度**シテン**を変えて見てみなさい。	視点
2025	転校生が**ジコ**紹介《しょうかい》をした。	自己
2026	地球の**ウラガワ**まで旅をする。	裏側
2027	局面は**コンメイ**を深めてきた。	混迷
2028	国の**ケイザイ**の発展が求められる。	経済
2029	犯人は**ヘンソウ**して忍《しの》び込《こ》んだ。	変装
2030	あの人は**シリョ**深い人だ。	思慮
2031	授業中の私語はたいへん**メイワク**だ。	迷惑
2032	**ジュウライ**通りの形式を守る。	従来

2033	あなたを疑うつもりは**モウトウ**ない。	毛頭
2034	弥生《やよい》時代の**シュウラク**の跡《あと》がある。	集落
2035	**ロウキュウカ**した倉庫を改修する。	老朽化
2036	大きな**ニモツ**をかかえて帰る。	荷物
2037	**カンシュウ**は大きな拍手《はくしゅ》を送った。	観衆
2038	老人ホームを**シサツ**する。	視察
2039	地元の**サンブツ**を売り出す。	産物
2040	家来が主君に**チュウセイ**を誓《ちか》う。	忠誠
2041	電車の運賃を**セイサン**する。	精算
2042	飼い主に**ジュウジュン**な犬。	従順
2043	**シュウハイ**業者に荷物を預ける。	集配
2044	**セイヒ**は今後の行動にかかっている。	成否
2045	駅に電車が**トウチャク**した。	到着
2046	けがをして**ホウタイ**を巻いてもらった。	包帯
2047	ボランティアに**サンカ**したい。	参加
2048	祖父は幸せな**バンネン**を過ごした。	晩年
2049	借用品を持ち主に**ヘンノウ**する。	返納
2050	店員に時計の**ネダン**を尋《たず》ねた。	値段
2051	会社の**シュウギョウ**規則を見る。	就業
2052	**センレン**された文章を読む。	洗練
2053	多くの**キノウ**を備えた製品だ。	機能
2054	**アンマク**を張って映画を見る。	暗幕
2055	優勝が決まり**カンキ**の声があがる。	歓喜
2056	学校の**エンカク**を紹介《しょうかい》する。	沿革

2057	この文には二通りの**カイシャク**がある。	解釈
2058	暗くなったので**イエジ**を急いだ。	家路
2059	**シガイ**のデパートで買い物をする。	市街(外)
2060	あらゆる**カイソウ**の人たちが集まる。	階層
2061	退職にあたり**シンペン**の整理をする。	身辺
2062	**ヨウジ**が公園で遊んでいる。	幼児
2063	**キュウゲキ**な気温の変化についていけない。	急激
2064	彼《かれ》が事件の**チョウホンニン**だ。	張本人
2065	大きな**サイガイ**に備える。	災害
2066	売れ筋商品を**テントウ**に並べる。	店頭
2067	この計画には**セイサン**がある。	成算
2068	税金を横領し**シフク**を肥やすとは許せない。	私腹
2069	展覧会場から作品を**ハンシュツ**する。	搬出
2070	自然界は生き残りの**キョウソウ**が激しい。	競争
2071	過去を**セイサン**して再出発する。	清算
2072	きれいな水が**ホウフ**にある。	豊富
2073	**コウコウ**をしたい時分に親はなし	孝行
2074	年上でも立場は**タイトウ**だ。	対等
2075	客は**セイイ**をもってもてなすこと。	誠意
2076	都心には**コウソウ**ビルが林立する。	高層
2077	ここは立ち入り禁止**クイキ**です。	区域
2078	両国は危険な**ジョウタイ**にある。	状態
2079	夕食の**シタク**に取りかかる。	支度
2080	**タイシュウ**の支持を得た新製品。	大衆

2081	**コマ**かいところまで目が届く。	細
2082	将来に備えてお金を**タクワ**える。	蓄
2083	子どもがわっと**ナ**きだした。	泣
2084	確かに**ウケタマワ**りました。	承
2085	最後までがんばったのは**エラ**い。	偉
2086	工事のため川の水が**ニゴ**っている。	濁
2087	東の空が**アカ**らむ時間だ。	明
2088	**オカ**した罪をつぐなう。	犯
2089	野菜はビタミン類を多く**フク**む。	含
2090	水は方円の**ウツワ**に従う	器
2091	若者がコンサートに**ツド**う。	集
2092	事務手続きが**トドコオ**っている。	滞
2093	漁獲《ぎょかく》量が減り港は**サビ**れた。	寂
2094	**オモ**な人を会議に招集する。	主
2095	もみじが**アザ**やかに色づいた。	鮮
2096	善戦むなしく**ヤブ**れた。	敗
2097	どうぞお**メ**し上がりください。	召
2098	遅《おく》れた言い**ワケ**はしない。	訳
2099	画家になる**ココロザシ**を立てる。	志
2100	**キヌ**の手ざわりを楽しむ。	絹
2101	展示物に手を**フ**れてはいけない。	触
2102	彼はこの辺りの地理に**クワ**しい。	詳
2103	優勝旗を**カカ**げて行進する。	掲
2104	この先は道幅《みちはば》が**セマ**くなっている。	狭

2105	**オオヤケ**の費用で道路を改修する。	公
2106	船の針路を東に**フ**る。	振
2107	庭の**サクラ**が満開だ。	桜
2108	川の**ツツミ**にたんぽぽが咲《さ》く。	堤
2109	不調の選手に**カ**わって出場する。	代
2110	むだ使いを**イマシ**める。	戒
2111	わしは目つきの**スルド**い鳥だ。	鋭
2112	秋の山が**クレナイ**に染まる。	紅
2113	あなたに**マサ**る実力者はいない。	勝
2114	茶わんの**フチ**が欠けた。	縁
2115	難しい問題を**カカ**える。	抱
2116	風雨を**オカ**して救助に向かった。	冒
2117	役目を終えて**カタ**の荷がおりた。	肩
2118	仕事に差し**ツカ**えることはない。	支
2119	小高い**オカ**から町を見下ろす。	丘
2120	姉は**アワ**い色の服が好きだ。	淡
2121	もらった子犬を**カリ**に小屋に入れる。	仮
2122	安物買いの**ゼニ**失い	銭
2123	笑う**カド**には福来る	門
2124	国王からほうびを**サズ**かる。	授
2125	しかられても**イタ**し方ない。	致
2126	**ヒマ**を見つけて読書をする。	暇
2127	秋晴れの空を**アオ**ぐ。	仰
2128	**ス**みきった空が一面に広がる。	澄

2129	みんなと意見を**コト**にする。	異
2130	乱暴にドアを**シ**めるな。	閉
2131	周囲に無関心を**ヨソオ**う。	装
2132	一寸の虫にも五分の**タマシイ**	魂
2133	**タキギ**を燃やして暖まる。	薪
2134	友達の話に思わず**フ**き出した。	噴
2135	少しずつ成績が**ノ**びている。	伸
2136	友人が事故で**ナ**くなった。	亡
2137	彼《かれ》は**イサギヨ**く身を引いた。	潔
2138	赤ん坊の**ヤワラ**かい手をにぎった。	柔
2139	入選の喜びに**ヒタ**っている。	浸
2140	今朝は**メズラ**しく早起きした。	珍
2141	**トボ**しい資源を有効に使う。	乏
2142	外国に使者を**ツカ**わす。	遣（使）
2143	**アヤマ**ちを素直に認める。	過
2144	良書はよい影響《えいきょう》を**オヨ**ぼす。	及
2145	道路の拡張で家を立ち**ノ**いた。	退
2146	参道に玉砂利を**シ**く。	敷
2147	裏庭の雑草を**カ**り取る。	刈
2148	原告の**ウッタ**えが認められた。	訴
2149	木の**カゲ**で一休みする。	陰
2150	大きな**ツバサ**を広げて鳥が飛ぶ。	翼
2151	私は相手の弱みを**ニギ**っている。	握
2152	明日は天気が**アヤ**ぶまれる。	危

2153 包丁の切れ味が**ニブ**ってきた。 鈍

2154 **トコ**の間にかけじくをかける。 床

2155 正々堂々と戦うことを**チカ**います。 誓

2156 牧場で牛の**チチ**しぼりを体験した。 乳

2157 彼《かれ》は**ホネ**のある人物だ。 骨

2158 地図を示して道を**タズ**ねる。 尋

2159 親のかたきを**ウ**つ。 討

2160 同じ間違《まちが》いを**ク**り返すな。 繰

2161 祖父が会社を**オコ**したと聞いている。 興

2162 曇《くも》り空で**ウス**ら寒い一日だった。 薄

2163 あやまって針で指を**サ**す。 刺

2164 **タカラ**の持ちぐされ 宝

2165 母は会社で事務を**ト**っている。 執

2166 主君に**ツカ**える家来。 仕

2167 夏休みを外国で**ス**ごす。 過

2168 なだらかな山の**ミネ**伝いに歩く。 峰

2169 修業に耐《た》え**ウデ**を上げた。 腕

2170 **カイコ**のまゆから絹糸ができる。 蚕

2171 日は西に**カタム**き影《かげ》が長くなる。 傾

2172 社長が**ミズカ**ら新人を教育する。 自

2173 早起きできないのが悩《なや》みの**タネ**だ。 種

2174 大きな切り**カブ**に座って休む。 株

2175 失敗を**オソ**れていては成功はない。 恐

2176 参道の**オク**に本堂がある。 奥

2177	あの人は何となく**ケム**たい人だ。	煙
2178	ひいきチームの勝利に**ワ**いた。	沸
2179	かばんに本を**ツ**め込《こ》む。	詰
2180	変な誘《さそ》いに**マド**わされるな。	惑
2181	ヨーロッパの古い**シロ**を訪ねたい。	城
2182	これは**イナ**めない事実だ。	否
2183	荷物をていねいに取り**アツカ**う。	扱
2184	会社は百年前に**ツク**られた。	創
2185	**オゴソ**かに結婚《けっこん》式が進行した。	厳
2186	あなたの仕打ちを**ウラ**みます。	恨
2187	君の合格を**イノ**っている。	祈
2188	幼児がお絵**カ**きをしている。	描
2189	一日の生活を**カエリ**みる。	省
2190	浜辺《はまべ》は**イモ**を洗うようなにぎわいだ。	芋
2191	明日の午後にお**ウカガ**いします。	伺
2192	足音が地下道に**ヒビ**く。	響
2193	こおろぎの**ナ**き声を聞く。	鳴
2194	月が雲に**カク**れて見えなくなった。	隠
2195	冬は空気が**カワ**いている。	乾
2196	**ワザワ**いを転じて福となす	災
2197	どんよりとした**ナマリ**色の曇り空だ。	鉛
2198	古い家を**コワ**して建て替える。	壊
2199	**オニ**も十八番茶も出花	鬼
2200	球史に残る一戦は母校の**ホコ**りだ。	誇

2201	五分だけ**オク**れて出発した。	遅
2202	これからは潮がだんだん**ヒ**る。	干
2203	**ナミダ**ぐましい努力で合格した。	涙
2204	春の野草が**イロド**りを添《そ》える。	彩
2205	ようやく難を**ノガ**れることができた。	逃
2206	青葉が**シゲ**るころになった。	茂
2207	大きな**サケ**び声が聞こえた。	叫
2208	先例に**カンガ**みて行動する。	鑑
2209	兄弟で力**クラ**べをする。	比
2210	**アセ**まみれになって働く。	汗
2211	重要な文章が**シル**されていた。	記
2212	暖かいふとんで**ネム**りたい。	眠
2213	すずめ百まで**オド**り忘れず	踊
2214	退職金を**カラ**めて要求する。	絡
2215	**キタナ**い言葉づかいはやめよう。	汚
2216	庭の犬は**クサリ**でつながれている。	鎖
2217	お**タガ**いの健闘《けんとう》をたたえる。	互
2218	矢も**タテ**もたまらず家に向かった。	盾
2219	買い物を手に**サ**げて帰る。	提
2220	野球のボールが**ハズ**む。	弾
2221	手紙に写真を**ソ**えて送る。	添
2222	**マコト**を尽《つ》くして話し合う。	誠
2223	かわいい**エ**みが印象的だ。	笑
2224	事件が大きく新聞に**ノ**った。	載

2225	将来を悲観する考えに**オチイ**る。	陥
2226	**ツブ**よりの選手でチームを作る。	粒
2227	力士の優勝は郷土の**ホマ**れだ。	誉
2228	強風で庭木の**エダ**が揺《ゆ》れる。	枝
2229	船に乗って島々を**メグ**る。	巡
2230	名に**ハ**じない立派な態度だ。	恥
2231	台風で大きな損害を**コウム**った。	被
2232	**ワタ**りに船の話に飛びつく。	渡
2233	**トナリ**の家にはかわいい犬がいる。	隣
2234	家族の中で愛情が**ハグク**まれる。	育
2235	昨夜は**コワ**い夢を見た。	怖
2236	今までの努力が**ムク**われた。	報
2237	もう**イク**つ寝《ね》るとお正月。	幾
2238	家族でぶどう**ガ**りに出かける。	狩
2239	**オモムキ**のある日本庭園を鑑賞《かんしょう》する。	趣
2240	土産《みやげ》物店が**ノキ**を連ねている。	軒
2241	事件が続き世間が**サワ**がしい。	騒
2242	卒業の記念樹を**ウ**える。	植
2243	幕府が**タオ**れて明治になる。	倒
2244	魚市場で**セ**りが行われる。	競
2245	厳しい寒波が日本を**オソ**った。	襲
2246	**ツクエ**の上の花びんにバラを一輪さす。	机
2247	**ホトケ**の顔も三度	仏
2248	故郷の山河を**コイ**しく思う。	恋

2249	**ヨ**い行いを心がける。	善
2250	交通事故が**アト**を絶たない。	跡
2251	将来が**タノ**もしい好人物だ。	頼
2252	気候の影響《えいきょう》で**イネ**の生育がよい。	稲
2253	物静かで**ツツシ**み深い人だ。	慎
2254	ねずみはよく**フ**える動物だ。	殖
2255	秋**マツ**りが盛大に行われた。	祭
2256	重労働を**シ**いられる。	強
2257	夜空に星が**カガヤ**いている。	輝
2258	草葉の**ツユ**とはかなく消えた。	露
2259	新居の家具を**トトノ**える。	調
2260	彼女《かのじょ》は**ツカ**れて元気がない。	疲
2261	選手の離《はな》れ**ワザ**に観客がわいた。	業
2262	母は毎日**イソガ**しそうにしている。	忙
2263	友人は**ダマ**って話をきいてくれた。	黙
2264	封筒《ふうとう》の中身を**ス**かし見る。	透
2265	老人を**ウヤマ**いなさい。	敬
2266	朝食にゆで**タマゴ**とサラダを食べる。	卵
2267	活力の**ミナモト**は健康にある。	源
2268	じょうぶな**ヌノ**でかばんを作る。	布
2269	友人の温かい心に**フ**れる。	触
2270	野に出て春の七草を**ツ**む。	摘
2271	新緑が**コ**くなってきた。	濃
2272	古い機構の刷新を**ハカ**る。	図

レベルB
書き
読み
慣用句 ことわざ
四字熟語
類義語 対義語
同音異義語 同訓異字

番号	語	読み
2273	薬味	やくみ
2274	相違	そうい
2275	難易	なんい
2276	物色	ぶっしょく
2277	夜気	やき
2278	干満	かんまん
2279	性根	しょうね(こん)
2280	茶碗	ちゃわん
2281	模型	もけい
2282	眼目	がんもく
2283	庶民	しょみん
2284	成金	なりきん
2285	矢面	やおもて
2286	小康	しょうこう
2287	仲裁	ちゅうさい
2288	架空	かくう
2289	貸借	たいしゃく
2290	談判	だんぱん
2291	堤防	ていぼう
2292	寸評	すんぴょう
2293	眺望	ちょうぼう
2294	綿花	めんか
2295	極上	ごくじょう
2296	血眼	ちまなこ
2297	添削	てんさく
2298	屈辱	くつじょく
2299	包丁	ほうちょう
2300	薄暮	はくぼ
2301	樹立	じゅりつ
2302	見聞	けんぶん
2303	荘厳	そうごん
2304	伐採	ばっさい
2305	直筆	じきひつ
2306	廃棄	はいき
2307	昨今	さっこん
2308	珍重	ちんちょう

2309	舗装	ほそう
2310	犠牲	ぎせい
2311	取捨	しゅしゃ
2312	従来	じゅうらい
2313	武者	むしゃ
2314	強情	ごうじょう
2315	迷宮	めいきゅう
2316	無骨	ぶこつ
2317	波止場	はとば
2318	自重	じちょう
2319	雑魚	ざこ
2320	宰相	さいしょう
2321	傾斜	けいしゃ
2322	上背	うわぜい
2323	法度	はっと
2324	荒廃	こうはい
2325	頑健	がんけん
2326	声色	こわいろ
2327	献立	こんだて
2328	内裏	だいり
2329	遠慮	えんりょ
2330	耳目	じもく
2331	名札	なふだ
2332	巣箱	すばこ
2333	大統領	だいとうりょう
2334	提案	ていあん
2335	素質	そしつ
2336	液体	えきたい
2337	保険	ほけん
2338	採用	さいよう
2339	先祖	せんぞ
2340	大志	たいし
2341	資格	しかく
2342	検査	けんさ
2343	常識	じょうしき
2344	理解	りかい

□ 2345	公認	こうにん
□ 2346	地域	ちいき
□ 2347	並行	へいこう
□ 2348	出勤	しゅっきん
□ 2349	価値	かち
□ 2350	忠告	ちゅうこく
□ 2351	故障	こしょう
□ 2352	感受性	かんじゅせい
□ 2353	制限	せいげん
□ 2354	暮色	ぼしょく
□ 2355	善行	ぜんこう
□ 2356	寸法	すんぽう
□ 2357	階段	かいだん
□ 2358	裁判	さいばん
□ 2359	朗報	ろうほう
□ 2360	天然	てんねん
□ 2361	真心	まごころ
□ 2362	手段	しゅだん
□ 2363	進歩	しんぽ
□ 2364	用意	ようい
□ 2365	承知	しょうち
□ 2366	揮発	きはつ
□ 2367	同意	どうい
□ 2368	努力	どりょく
□ 2369	経験	けいけん
□ 2370	仁愛	じんあい
□ 2371	絹糸	きぬいと
□ 2372	観衆	かんしゅう
□ 2373	皇居	こうきょ
□ 2374	聖地	せいち
□ 2375	欲望	よくぼう
□ 2376	宗教	しゅうきょう
□ 2377	宝庫	ほうこ
□ 2378	値段	ねだん
□ 2379	除雪	じょせつ
□ 2380	出頭	しゅっとう

2381	降参	こうさん
2382	姿勢	しせい
2383	健康	けんこう
2384	腹巻	はらまき
2385	訪問	ほうもん
2386	収益	しゅうえき
2387	乱視	らんし
2388	過激	かげき
2389	名詞	めいし
2390	日誌	にっし
2391	断然	だんぜん
2392	改札口	かいさつぐち
2393	劇団	げきだん
2394	制約	せいやく
2395	逆転	ぎゃくてん
2396	片道	かたみち
2397	暖流	だんりゅう
2398	区域	くいき
2399	至難	しなん
2400	達成	たっせい
2401	講習	こうしゅう
2402	興奮	こうふん
2403	演技	えんぎ
2404	暗幕	あんまく
2405	系統	けいとう
2406	操作	そうさ
2407	師弟	してい
2408	酸化	さんか
2409	休息	きゅうそく
2410	展開	てんかい
2411	政策	せいさく
2412	郷土	きょうど
2413	蔵書	ぞうしょ
2414	激痛	げきつう
2415	護衛	ごえい
2416	根性	こんじょう

2417	足場	あしば
2418	磁石	じしゃく
2419	提供	ていきょう
2420	洋裁	ようさい
2421	障害	しょうがい
2422	明朗	めいろう
2423	翌年	よくねん
2424	街角	まちかど
2425	承認	しょうにん
2426	尊敬	そんけい
2427	耕作	こうさく
2428	容易	ようい
2429	極限	きょくげん
2430	副作用	ふくさよう
2431	単純	たんじゅん
2432	降雨	こうう
2433	授業	じゅぎょう
2434	財産	ざいさん
2435	誕生	たんじょう
2436	気象	きしょう
2437	湿度	しつど
2438	組織	そしき
2439	親善	しんぜん
2440	厳格	げんかく
2441	世評	せひょう
2442	墓参	ぼさん
2443	改修	かいしゅう
2444	特許	とっきょ
2445	比率	ひりつ
2446	具体	ぐたい
2447	崩れる	くず
2448	過ち	あやま
2449	懐かしい	なつ
2450	保つ	たも
2451	災い	わざわ
2452	怪しい	あや

2453	戒める	いまし
2454	火照る	ほて
2455	難い	かた
2456	泡立つ	あわだ
2457	放る	ほう
2458	強いる	し
2459	自ずから	おの
2460	妨げる	さまた
2461	施す	ほどこ
2462	周り	まわ
2463	委ねる	ゆだ
2464	伏せる	ふ
2465	握る	にぎ
2466	譲る	ゆず
2467	緩やか	ゆる
2468	稼ぐ	かせ
2469	経つ	た
2470	恨む	うら
2471	老ける	ふ
2472	独り	ひと
2473	気負う	きお
2474	推す	お
2475	捕らえる	と
2476	隔てる	へだ
2477	厳かだ	おごそ
2478	接ぐ	つ
2479	討つ	う
2480	逆巻く	さかま
2481	陣取る	じんど
2482	堅い	かた
2483	蒸す	む
2484	担ぐ	かつ
2485	計らう	はか
2486	属する	ぞく
2487	騒ぐ	さわ
2488	枯れる	か

2489	空しい	むな
2490	お巡りさん	まわ
2491	耐える	た
2492	亡くす	な
2493	浮つく	うわ
2494	統べる	す
2495	吸う	す
2496	挙げる	あ
2497	忘れる	わす
2498	断る	ことわ
2499	疑う	うたが
2500	計る	はか
2501	刻む	きざ
2502	敬う	うやま
2503	提げる	さ
2504	厳しい	きび
2505	延びる	の
2506	異なる	こと
2507	納める	おさ
2508	認める	みと
2509	備える	そな
2510	乱れる	みだ
2511	招く	まね
2512	貧しい	まず
2513	勢い	いきお
2514	導く	みちび
2515	迷う	まよ
2516	痛い	いた
2517	再び	ふたた
2518	唱える	とな
2519	預ける	あず
2520	諮る	はか
2521	確かめる	たし
2522	暮れる	く
2523	届く	とど
2524	裁く	さば

2525	頂く	いただ
2526	射る	い
2527	裏切る	うらぎ
2528	奮う	ふる
2529	垂らす	た
2530	干す	ほ
2531	謝る	あやま
2532	善い	よ
2533	説く	と
2534	創る	つく
2535	難しい	むずか
2536	操る	あやつ
2537	竹馬	ちくば・たけうま
2538	下手	へた・しもて・したて
2539	半身	はんみ・はんしん
2540	追従	ついじゅう・ついしょう
2541	気骨	きこつ・きぼね
2542	外面	そとづら・がいめん
2543	明後日	みょうごにち・あさって
2544	白夜	びゃくや・はくや
2545	寒気	さむけ・かんき
2546	色紙	いろがみ・しきし
2547	抱く	だ・いだ
2548	一途	いちず・いっと
2549	味気ない	あじけ(き)
2550	一目	いちもく・ひとめ
2551	白髪	しらが・はくはつ
2552	免れる	まぬか(が)
2553	辛い	から・つら
2554	尊い	たっと・とうと
2555	眼鏡	めがね・がんきょう
2556	梅雨	つゆ・ばいう
2557	遺言	ゆいごん・いごん
2558	退く	しりぞ・の
2559	今日	きょう・こんにち
2560	初日	しょにち・はつひ

□ 2561
今すぐそんな大金を出せと言われても、**ないそでは振れない**よ。
実際にないものはどうしようもない。

□ 2562
二人の関係に**水を差す**。
仲のいい間柄（あいだがら）や、うまくいっていた物事のじゃまをする。

□ 2563
青年が**肩で風を切っ**て歩いている。
得意そうにいばって歩く。

□ 2564
彼の言うことを**鵜呑（うの）みにする**のはやめておいたほうがいい。
よく考えもしないで、他人の意見をそのまま信じて受け入れる。

□ 2565
腹を探るのはやめて、本音で話し合おう。
それとなく相手の気持ちや考えをうかがう。

□ 2566
電車内のマナーの悪さに**まゆをひそめ**た。
心配事やいやなことがあって、顔をしかめる。

□ 2567
①私には**目がない**ので、どれがいい品物かを見ぬけません。②ぼくは、甘い物に**目がない**。
①的確に判断や評価をする能力がない。②何かがとても好きで、夢中になる。

□ 2568
会場を借りる交渉の**目鼻がつい**たようだ。
物事がほとんど出来上がる。見通しが立つ。

□ 2569
いよいよ困り果てて、あの人にまで電話をかけたわ。**わらにもすがる**とはこのことね。

窮地（きゅうち）にあるものは、頼りないものにまですがろうとするたとえ。

□ 2570
この品物に注目されるとは、お客様は**目が高く**ていらっしゃる。
物の良い悪いを見分ける力を持っている。

□ 2571
明日はぼくの大好きなゲームの発売日だから、**胸がおどる**。
期待や興奮でわくわくする。

□ 2572
ずっと負け続けていたチームにやっと勝って、**胸がすく**思いだった。
心につかえていたものがなくなって、気分がすっきりさわやかになる。

□ 2573
彼が**骨を折っ**てくれたおかげで、仕事がうまくいった。
目的を達成するために、あれこれと苦労する。人のために力をつくす。

□ 2574
この夏は雨不足で、一日ぐらいの雨では**焼け石に水**だ。
わずかばかりの努力や援助（えんじょ）では、ほとんど効果がないこと。

□ 2575
母の言うことはもっともで、**耳が痛かっ**た。
自分の欠点や弱点を指摘（してき）されて、聞くのがつらい。

□ 2576
①値段の交渉（こうしょう）をしたが、百万円で**手を打つ**ことにした。
①話し合いなどをまとめる。②物事がうまくいくように手立てを講じる。

□ 2577

友人の発言に、「そのとおりだ」と**相づちを打っ**た。

相手の言うことに調子を合わせて受け答えをする。

□ 2578

私が貸したお金を、**耳をそろえ**て返してください。

必要な金額や品物を不足なく用意する。

□ 2579

長い間の研究が、やっと**日の目を見る**ことになった。

今まで知られていなかったものが、世間に認められるようになる。

□ 2580

人を**色眼鏡で見る**のはよくないよ。

物事を素直に見ずに、先入観や偏見（へんけん）をもって判断すること。

□ 2581

妹がおやつを欲しがって泣き出し、**手がつけられなかっ**た。

取るべき方法が見つからない。

□ 2582

お母さんの**目が届く**ところで遊んでちょうだい。

注意や監督（かんとく）が行き渡る。

□ 2583

ここが勝負の分かれ目だ。**一か八か**やってみよう。

運を天に任せて、思い切ってやってみること。

□ 2584

世間でもてはやされていた彼が、あの事件ですっかり**みそをつけ**た。

失敗する。失敗してはずかしい思いをする。

□ 2585

書道暦（れき）三十年の父の筆づかいは、さすがに**堂に入っ**ている。

学問や技術などをよく習得して身につけている。

□ 2586

あの人は芸能界に**顔が利く**と自慢している。

人によく知られており、都合や無理をきいてもらえる。

□ 2587

ぼくが駆けつけたときには、愛犬のジローは**虫の息**だった。

弱り果てて、今にも死にそうな様子。

□ 2588

遊びほうけていたら、母にこってり**油をしぼら**れた。

人の失敗や過ちを厳しく責める。

□ 2589

彼は夏休みにハワイに行ってきたと**鼻にかけ**ていた。

得意になって自慢する。

□ 2590

彼女は、いつも**的を射**た質問をする。

物事の大切なところを正しくとらえている。

□ 2591

彼女の華（はな）やかさが、人々の**目を引い**た。

人の注意を向けさせる。

□ 2592

ライバル同士が、**火花を散らし**て戦った。

闘志（とうし）をむき出しにして、互いに激しく争う。

☐ 2593
大事な花壇(かだん)を猫(ねこ)に荒らされて、父は**目をむい**ておこった。
驚いたりおこったりして、目を見開く。

☐ 2594
橋の改修工事に反対する人が多かったのに、**横車を押し**て、工事を始めてしまった。
道理に合わないことを、無理矢理行う。自分の意見を、無理に押し通す。

☐ 2595
連休の遊園地は**いもを洗うよう**な混雑ぶりだった。
大勢の人で混み合っている様子。

☐ 2596
自分のしたことが正しいかどうか、**胸に手を当て**てよく考えなさい。
落ち着いて思案する。

☐ 2597
あの先生に**目をかけ**てもらえるなんて、君は幸せだね。
特にかわいがって、親切に世話をする。

☐ 2598
彼は、**目に入れても痛くない**ほど孫を大切にしている。
かわいくてたまらない。

☐ 2599
彼の誤解が解けて、**胸をなで下ろし**た。
心配事が解決して、安心する。

☐ 2600
彼は遺伝子の研究に**心血を注い**だ。
精神と肉体のすべての力を使って取り組む。

☐ 2601
いつも**しりに火がつく**まで何もしないのは、ぼくの悪いくせだ。
物事が差しせまっている。

☐ 2602
この季節に雪が降るなんてと、**目を疑っ**た。
あまりにも意外なものを見て、信じられない。

☐ 2603
今やっておかないと、後で**ほぞをかむ**ことになるだろう。
どうにもならないことを悔(く)やむ。後悔(こうかい)する。

☐ 2604
給料日までは**爪に火をともす**ような生活をしなければならない。
非常に貧しい。非常にけちである。

☐ 2605
お年寄りからお金をだまし取るなんて、**血も涙もない**やつだ。
優しさや思いやりがまったくない。

☐ 2606
事故の現場は、**目も当てられない**状態だ。
ひどい状態で、とても見ていられない。

☐ 2607
本人のいないところで言ったって、**犬の遠ぼえ**だよ。
臆病(おくびょう)者が陰(かげ)で悪口を言ったり、いばったりすること。

☐ 2608
試合に負け、選手たちは**肩を落とし**て退場した。
気力をなくしてがっかりする。

2609

父の機嫌(きげん)が悪く、**砂をかむよう**な味気ない食事を取った。

味わいやおもしろみがまったくない様子。

2610

忘れ物を思い出し、あわてて**きびすを返し**た。

引き返す。後もどりをする。

2611

彼は夢ばかり追って、**足が地に着かない**ようだ。

考えや行動がうわついている。

2612

借金の返済を待ってくれと頼んだが、だめだの一点張りで**取りつく島もなかっ**た。

まったく相手にしてもらえない。

2613

コンタクトレンズを落としてしまい、**目を皿にし**て探した。

驚いたり、何かをよく見ようとしたりして、目を大きく見開く。

2614

大学生活の始まりに、**胸をふくらませる**。

喜びや期待で、わくわくする。

2615

虫歯が痛む私には、ケーキは**目の毒**だ。

悪い影響(えいきょう)を受けたり、見ると欲しくなったりする。

2616

大安売りで、大勢の人が**目の色を変え**て買い物をしている。

驚きやいかりで、目つきを変える。何かに必死になる様子をいう。

2617

このクラスで、歌のうまさでは彼の**右に出る者がいない**。

その人よりも優れた人がいない。

2618

母は**虎(とら)の子**のへそくりをはたいて、美顔器を買った。

とても大切にしているもの。大事に持ち続けている金品。

2619

いわしは**足が早い**から、今晩のうちに食べよう。

食べ物などの傷（いた）みが早い。

2620

彼は師匠(ししょう)と**肩を並べる**までに成長した。

同じような力を持ち、対等な地位にある。

2621

君がよく仕事をすると聞き、ぼくも**顔が立つ**というもんだ。

世間に対する名誉(めいよ)が守られる。

2622

今までペアを組んできたが、今度の大会を前に**たもとを分かつ**ことになった。

行動を共にしてきた人と別れる。

2623

水ももらさぬ警備体制をしく。

水がもれるすき間がないほど厳重な様子。

2624

合格を報告すると、祖母は**目を細くし**て喜んでくれた。

うれしそうに笑う。

□ 2625
最近の世の中は、**生き馬の目をぬく**ような人ばかりだ。

他人を出しぬいて、素早く利益を得る。

□ 2626
その日から、彼は**手のひらを返す**ように行いが変わった。

言葉づかいや態度をがらりと変える。

□ 2627
まもなく事件の犯人が**しっぽを出す**だろう。
隠(かく)していたことなどが、ばれてしまう。

□ 2628
きざなことばかり言って、ほんとに**鼻持ちならない**やつだ。

言うことなすことすべてに嫌(いや)みがあり、我慢(がまん)できない。

□ 2629
ピアノ伴奏(ばんそう)者として彼女に**白羽の矢が立っ**た。

見こまれて多くの人の中から選ばれる。

□ 2630
あの方法を聞いたときは、**目からうろこが落ち**たよ。

あることがきっかけで、今までわからなかったことが急にわかるようになる。

□ 2631
妹は、**足元から鳥が立つ**ように旅に出て行った。

身近なところで意外なことが起こる。急に何かを始める。

□ 2632
先輩の**胸を借りる**つもりで、練習に臨んだ。
自分より実力が上の者に、相手をしてもらう。

□ 2633
九回裏、同点でノーアウト満塁(まんるい)という**手に汗をにぎる**場面を迎(むか)えた。

物事の成り行きがどうなるかと、はらはらする。

□ 2634
お**口に合う**かどうかわかりませんが、お召(め)し上がりください。
飲食物の味が、人の好みに合う。

□ 2635
母にお使いを頼まれそうだったので、**たぬき寝入り**をしてやり過ごした。

寝ているふりをすること。

□ 2636
祖母の病気は**薄紙をはぐよう**に回復している。
病気などの悪い状態が日増しによくなることのたとえ。

□ 2637
今回の失敗を**胆(きも)に銘(めい)じ**て、これからは気をつけるようにしよう。
心に深く刻みつけて、忘れないようにする。

□ 2638
年末はお正月の準備で、**目が回る**ほど忙(いそ)がしかった。

非常に忙しい。

□ 2639
預かったお金でお菓子を買ったので、使い道の**つじつまを合わせる**のがたいへんだった。

話の始めと終わりに食い違いをなくし、筋道が通るようにする。

□ 2640
君は**筆が立つ**から物書きになるといいよ。
文章を書くのが上手である。

2641
やぶから棒に、もう野球をやめたいなんて、いったい何があったの。
突然、物を言ったりやったりすること。

2642
あいつのきざな話し方といったら、本当に**鼻につく**よ。
人の言動などがうっとうしく感じる。

2643
親の**目をぬすん**で、遊びに行く。
見つからないように、こっそりする。

2644
やっと試合に出られることになり、今から**腕が鳴る**。
自分の腕前(うでまえ)を発揮する機会を待ち遠しく思う。

2645
兄は都合が悪くなると、自分では**手を下さ**ず、ぼくにやらせようとする。
自分で直接物事を行う。

2646
全校生徒が、校長先生の話に**耳をかたむけ**た。
聞き逃さないように、熱心に聞く。

2647
足の踏み場もないほど、おもちゃが散らかった部屋。
物がいっぱい散らかっていて、足を下ろすところもない。

2648
つい、ショーウインドーのドレスに**目移り**がする。
他の物にひかれて、そちらを見てしまうこと。関心が移ってしまうこと。

2649
口が重い彼は、今日の会議で一言もしゃべらなかった。
口数が少ない。言いたくない様子。

2650
つい**口がすべっ**て、隠(かく)し事をしゃべってしまった。
言ってはいけないことを、うっかり話してしまう。

2651
あの人は口先だけで**腹が黒い**から、気をつけたほうがいいよ。
心の中に悪い考えを持っている。

2652
弟は、兄が買ってもらった真新しい自転車を、**指をくわえ**て見ていた。
自分も欲しい、また、したいのに、それがかなわず、むなしくながめている。

2653
運動会の前日にけがをしてしまい、これまでの練習が**水のあわ**になってしまった。
努力や苦労がむだになってしまうこと。

2654
彼はずうずうしいところがあるので、**虫が好かない**。
何となく気に入らない。

2655
手がこんだいたずらに、すっかりだまされてしまった。
技術が優れていて、細工がきめ細かい。物事が複雑である。

2656
「**目は口ほどに物を言う**」というでしょう。目を見れば、あなたが言いたいことはわかるわ。
目は、口で話すのと同じように、気持ちを表すものだ。

□ 2657

思わずその言葉を**おうむ返し**につぶやいた。

相手の言ったことを、そのまま言い返すこと。

□ 2658

学校と文房具(ぶんぼうぐ)屋は、**目と鼻の先**だ。

距離がとても近い様子。

□ 2659

木の陰(かげ)にだれかがいるような気がして、**目をこらし**た。

よく見ようと、注意を集中してじっと見つめる。

□ 2660

彼は昔から美術に興味を持っていたから、**目が肥え**ている。

優れた物を数多く見ているうちに、物の価値を正しく見分ける力がつく。

□ 2661

寝坊(ねぼう)の彼が、明日から朝早く起きてジョギングするなんて、**へそで茶をわかす**話だ。

おかしくてたまらない。

□ 2662

ぼくの作品が優秀(ゆうしゅう)賞に選ばれたと聞いて、**耳を疑っ**た。

信じられないような話を聞いて、聞き間違えたのではないかと思う。

□ 2663

姉にはいつも宿題を見てもらっているから、**頭が上がらない**。

恩義や実力差があって、対等の立場で接することができない。

□ 2664

一時間に及(およ)ぶ論戦も、彼の一言が**けりをつけ**た。

決着をつける。物事を終わりにする。

□ 2665

今後は**えりを正し**て行動しよう。

心を引き締(し)めて、物事に当たる。

□ 2666

そんなに**目くじらを立て**ておこらなくてもいいじゃないか。

わずかなことを取り上げて、他人をとがめる。

□ 2667

いいシューズを買ってもらったのに、練習に出ないんじゃ、**宝の持ちぐされ**だよ。

才能や貴重なものを活用していないこと。

□ 2668

お金がないのに**見栄を張っ**て、高い店で食事をした。

人によく思われたいと、実際以上に見た目を飾(かざ)る。

□ 2669

祖父は**頭が固く**て、何を言っても自分の考えを変えようとしない。

柔軟(じゅうなん)な考え方ができない。

□ 2670

彼は、どういうわけかぼくを**目のかたき**にする。

何かにつけて憎(にく)く、やっつけてやりたいと思うこと。

□ 2671

今月は出費が多く、我が家の家計は**火の車**だ。

お金がなくて、やりくりがたいへんなこと。

□ 2672

金に**目がくらん**で、親友を裏切ってしまった。

何かに心を奪(うば)われて、正しい判断ができなくなる。

2673

いつも頼むばかりで、私の頼みは聞いてくれないなんて、あの人は**虫がいい**。

身勝手で厚かましい。自分の都合ばかりで、ずうずうしい。

2674

お母さん、何度も同じことを注意しないでよ。**耳にたこができる**よ。

同じことばかり言われて、聞くのがいやになる。

2675

東京で暮らしている息子に何度手紙を出しても、**なしのつぶて**だ。

連絡（れんらく）をしても返事がないこと。

2676

この荷物を運ぶのに、こんな少人数では**らちが明かない**ので、もっと人を集めてこよう。

仕事が順調に進まず、とどこおってしまう。問題が片づかない。

2677

油断していると、**足をすくわ**れるぞ。

すきにつけこみ失敗させる。

2678

自転車で小さな子にぶつかりそうになり、**胆（きも）を冷やし**た。

恐ろしい目にあって、ぞっとする。

2679

話し合いを重ねた結果、やっと道路工事を開始する**山が見え**てきた。

困難を乗り越えて、将来の見通しが立つ。

2680

料理教室からレストランの経営に**手を広げ**た。

自分が関わっている範囲（はんい）を広くする。

2681

親の**顔にどろをぬる**ようなことだけはするなよ。

恥（はじ）をかかせて、名誉（めいよ）を傷つける。

2682

彼はとうとう借金で**首が回らなく**なった。

お金がなくて、どうにもならない。

2683

証拠（しょうこ）を突きつけられても、**口をぬぐっ**てすましている。

悪いことをしたのに、していないふりをする。知らないふりをする。

2684

こっちは**手が空い**たから、君の仕事を手伝おうか。

かかえていた仕事などが終わり、ひまになる。

2685

彼以上に練習して、次の対戦では**鼻を明かし**てやろう。

相手が油断しているすきに、出しぬいてあっといわせる。

2686

彼のみごとなプレーに、観客は**目を奪われ**た。

すばらしさ、美しさなどに、注意を引きつけられる。

2687

君のしたことは、**目に余る**。子どものいたずらではすまされない。

あまりにひどくて、だまっていられない。

2688

両親は、ぼくのために**身を粉にし**て働いてくれている。

苦しいこともいやがらないで、ある限りの力を出して働く。

□ 2689

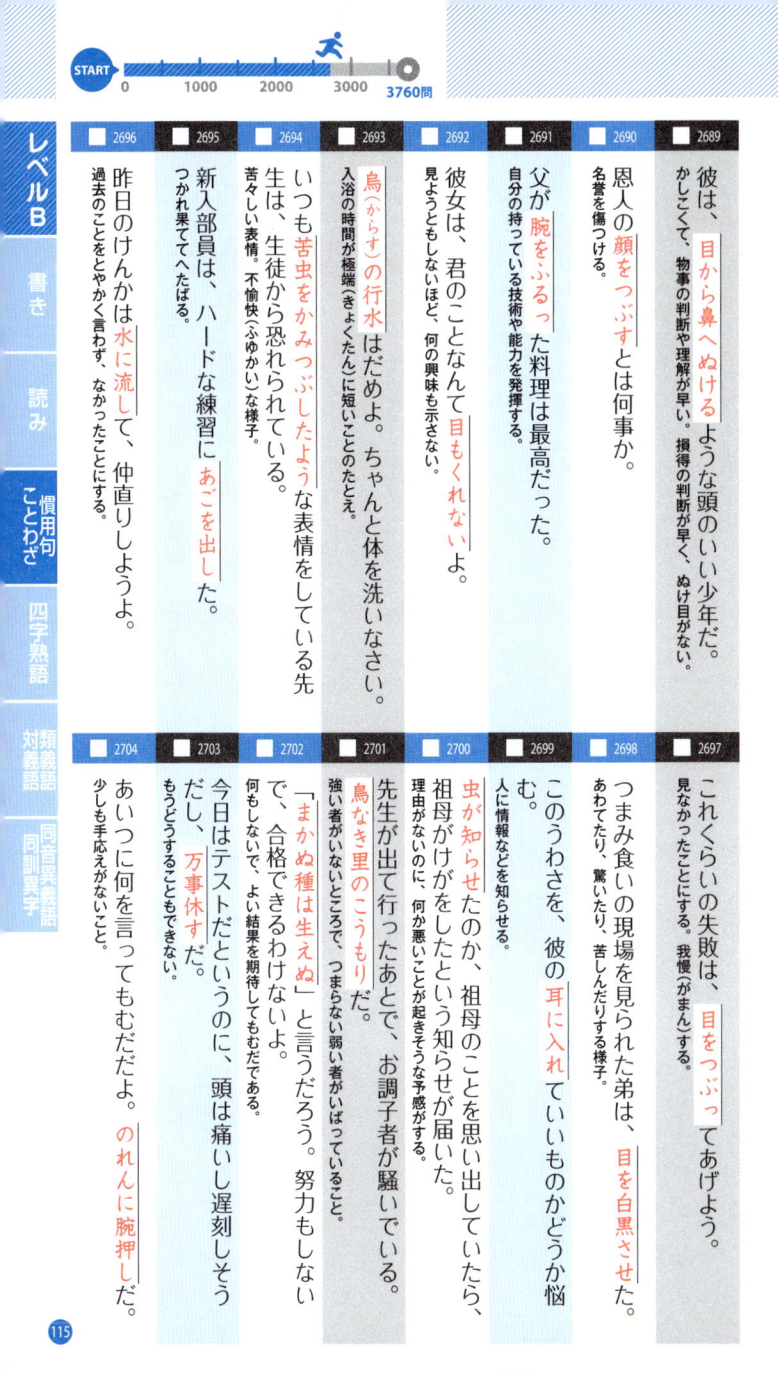

彼は、**目から鼻へぬける**ような頭のいい少年だ。

かしこくて、物事の判断や理解が早い。損得の判断が早く、ぬけ目がない。

□ 2690

恩人の**顔をつぶす**とは何事か。

名誉を傷つける。

□ 2691

父が**腕をふるっ**た料理は最高だった。

自分の持っている技術や能力を発揮する。

□ 2692

彼女は、君のことなんて**目もくれない**よ。

見ようともしないほど、何の興味も示さない。

□ 2693

烏(からす)の行水はだめよ。ちゃんと体を洗いなさい。

入浴の時間が極端(きょくたん)に短いことのたとえ。

□ 2694

いつも**苦虫をかみつぶしたよう**な表情をしている先生は、生徒から恐れられている。

苦々しい表情。不愉快(ふゆかい)な様子。

□ 2695

新入部員は、ハードな練習に**あごを出し**た。

つかれ果ててへたばる。

□ 2696

昨日のけんかは**水に流し**て、仲直りしようよ。

過去のことをとやかく言わず、なかったことにする。

□ 2697

これくらいの失敗は、**目をつぶっ**てあげよう。

見なかったことにする。我慢(がまん)する。

□ 2698

つまみ食いの現場を見られた弟は、**目を白黒させ**た。

あわてたり、驚いたり、苦しんだりする様子。

□ 2699

このうわさを、彼の**耳に入れ**ていいものかどうか悩む。

人に情報などを知らせる。

□ 2700

虫が知らせたのか、祖母のことを思い出していたら、祖母がけがをしたという知らせが届いた。

理由がないのに、何か悪いことが起きそうな予感がする。

□ 2701

先生が出て行ったあとで、お調子者が騒いでいる。**鳥なき里のこうもり**だ。

強い者がいないところで、つまらない弱い者がいばっていること。

□ 2702

「**まかぬ種は生えぬ**」と言うだろう。努力もしないで、合格できるわけないよ。

何もしないで、よい結果を期待してもむだである。

□ 2703

今日はテストだというのに、頭は痛いし遅刻しそうだし、**万事休す**だ。

もうどうすることもできない。

□ 2704

あいつに何を言ってもむだだよ。**のれんに腕押し**だ。

少しも手応えがないこと。

□ 2705
そんなことはない。畑にはまぐりというだろう。

絶対にありえないことのたとえ。

□ 2706
あいつに忠告してもぬかにくぎだから、やめておいたほうがいい。

少しも手応えがない、効き目がないことのたとえ。

□ 2707
彼は骨董品(こっとうひん)店で掘(ほ)り出し物がないか物色している。

多くの中から適当なものや人を得ようとしてさがすこと。

□ 2708
今日は朝寝坊(ねぼう)して遅刻(ちこく)はするし、忘れ物はするしで、弱り目にたたり目だ。

困っているときに、さらに困難な事態や災難が重なって起こること。

□ 2709
あんなことをしたら迷惑(めいわく)だとわかるでしょ。人の振り見て我が振り直せよ。

他人の行いのよしあしをよく見て反省し、自分の行いを改めなさいということ。

□ 2710
早起きは三文の徳だね。朝ご飯もおいしいし、美しい日の出も見られた。

朝早く起きると、健康にもよく、何かとよいことがある。

□ 2711
悪事千里を走るで、彼のきたない手口もすぐにばれるだろう。

悪いことはすぐに知れわたる。

□ 2712
そんなにあせらないで。「待てば海路の日和あり」というじゃないの。

じっと待っていれば、いつか幸運が訪れるということ。

□ 2713
それくらいの荷物も持てないなんて、うどの大木ね。

体ばかり大きくて役に立たない者のたとえ。

□ 2714
相手チームをあなどってはいけない。窮鼠(きゅうそ)猫(ねこ)をかむってこともあるからね。

弱いものも追いつめられると、強いものに刃向かい、苦しめることがある。

□ 2715
また約束を破ったのか。仏の顔も三度というものだ。

温和な人でも、ひどいことを何度もされれば、最後にはおこるということ。

□ 2716
友達が持っていた新しいゲーム機を見て、食指が動いた。

食欲が起こる。何かを欲しがる。

□ 2717
木に竹を接ぐようなことをしても、だれも納得しないよ。

不自然でつり合いがとれない。

□ 2718
妹にけんかで勝っても、おこられるだけだ。負けるが勝ちで、妹にゆずってやったほうがいい。

一時的には負けたようでも、全体を通して見れば得をするということ。

□ 2719
彼は新しい政党を立ち上げ、牛耳を執っている。

一つの党派・団体の中心になって、支配する。「牛耳る」とも。

□ 2720
あばたもえくぼで、何でもすてきに見えちゃうね。

好きな人のことは、欠点までも長所に見えるということ。

□ 2721

夏休みの終わりになって宿題に苦しめられるなんて、身から出たさびね。

だれのせいでもなく、自分のしたことのせいで苦しむこと。

□ 2722

テニスをやりたいと思っていたら、ちょうどテニス部に誘(さそ)われたので、渡りに船と入部したよ。

何かをしたいと思っているときに、とても都合のいいことが起こること。

□ 2723

見て見ぬふりをしていると、「義を見てせざるは勇なきなり」と言われるよ。

人としてするべきことを、わかっていながらしないのは、勇気がないからだ。

□ 2724

やっぱり亀(かめ)の甲より年の功、おじいちゃんに聞いてみようよ。

年長者が長い経験で身につけた豊かな知恵(ちえ)は尊いということ。

□ 2725

急(せ)いては事をし損じるというから、ちゃんと準備をしてから始めよう。

物事をあまり急いでやると、失敗しやすい。

□ 2726

事故の対処を見ていると、二階から目薬の感がある。

思うようにならないこと。効き目がなく、もどかしいこと。

□ 2727

いわしの頭も信心からで、彼はこんなものでも大切にしている。

つまらないものでも、信じている人にはありがたいものに思えるということ。

□ 2728

あえて火中のくりを拾うことはないよ。

他人のためにわざわざ危険なことをするたとえ。

□ 2729

「犬も歩けば棒に当たる」と言うじゃないか。いろんなことをやってみてはどうだい。

①よけいなことをして、災難にあう。②行動すれば思いがけない幸運に出会う。

□ 2730

彼と私の成績には雲泥(うんでい)の差がある。

非常に大きな違い。

□ 2731

君の話は、矛盾(むじゅん)しているよ。

前後のつじつまが合わないこと。

□ 2732

知らない人の車に乗ってはだめよ。「人を見たらどろぼうと思え」というでしょ。

人を簡単に信用してはいけない。

□ 2733

牛に引かれて善光寺参りで、友達に勧(すす)められたジョギングを今も続けている。

人からの誘いや思いがけないめぐり合わせで、よいほうに導かれること。

□ 2734

ひょうたんから駒(こま)が出ることもあるから、最初からあきらめることはない。

意外な所から意外な物が出てくる。ふざけ半分で言ったことが本当になる。

□ 2735

七転び八起きの精神で、最後までがんばりぬきます。

何度失敗しても、あきらめずに奮い立つこと。

□ 2736

私にとっては能楽は豚(ぶた)に真珠だから、見に行っても時間のむだだよ。

価値のわからない者に貴重な物を与えても、何の役にも立たないことのたとえ。

2737

親の心子知らずで、都会に出た息子は電話一本よこさない。

子どもは親の心を知らないで、勝手気ままにふるまうものだ。

2738

「**二度あることは三度ある**」というから、用心しておくように。

物事は繰り返し起こるものである。

2739

財布を落としたんだけど、拾って届けてくれた人がいたんだ。「**渡る世間に鬼はない**」って、本当だね。

世の中には、冷たい人ばかりではなく、心の温かい人もいるものだということ。

2740

彼はけがで引退したが、名監督(かんとく)になった。本当に人生は**塞翁(さいおう)が馬**だな。

人生の幸不幸は、予測できないというたとえ。

2741

学者とプロサッカー選手の両方を目指したが、「**二兎(にと)を追う者は一兎をも得ず**」に終わった。

同時に違った二つのことをしようとすると、結局は二つとも失敗してしまう。

2742

「**情けは人のためならず**」というから、ここは私が彼を助けよう。

人に親切にすれば、めぐりめぐって自分によい報いがある。

2743

「**所変われば品変わる**」というが、この地では雑煮にあんこが入っていて驚いた。

場所が変わると、言葉や習慣なども違うものだ。

2744

人のうわさも七十五日、あれほど世間を騒がせた事件もすっかり忘れられたね。

世間のうわさは一時のことで、しばらくすれば忘れられるものだということ。

2745

水族館には珍(めずら)しい海の生き物がいるそうだ。**百聞は一見にしかず**というから行ってみよう。

話を何回も聞くよりも、自分の目で確かめるほうがよくわかるということ。

2746

油断は禁物だ。「**百里を行く者は九十里を半ばとす**」というから気を引き締(し)めていこう。

何事も終わりに近づいたところが難しい。最後まで力をつくせということ。

2747

つまらないうわさを流したことで、友達から**白眼視**された。

冷たい目で見ること。冷たい態度をとること。

2748

彼は父親が政治家なのをいいことに、**虎(とら)の威を借る狐(きつね)**で、いつも偉(えら)ぶっている。

権力のある人物の威力を借りていばる者のたとえ。

2749

曇りの日に日傘(ひがさ)なんて**月夜にちょうちん**だと思うでしょう。

役に立たないもの、無駄(むだ)なもののこと。

2750

「**虎穴(こけつ)に入らずんば虎子(こじ)を得ず**」とばかり、探検隊はジャングルへと分け入った。

危険を冒(おか)さなければ、求めるものは手に入らないというたとえ。

2751

道路が渋滞(じゅうたい)すると報道されていたが、**大山鳴動してねずみ一匹**、いつもと変わらない。

事前に大騒ぎしたわりに、たいしたことのない結果に終わること。

2752

大きければいいというもんじゃないよ。**しゃくしは耳かきにならず**というからね。

大きい物が小さい物の代わりになるとは限らない。

□ 2753

私の絵は**下手の横好き**で、人に見せられるものではありません。

下手なくせに、それをするのが好きであること。

□ 2754

道具に文句を言わずにやりなさい。**弘法筆を選ばず**ですよ。

優れた人は、どんな道具でも立派な仕事をするものだということ。

□ 2755

「**果報は寝て待て**」と言うとおり、気長に待とうよ。

幸運は運によるものだから、あせらず時機を待てということ。

□ 2756

世の中、**一寸先は闇（やみ）**だとよく言われる。

先のことは闇（やみ）のようなもので、どうなるかわからないこと。

□ 2757

花より団子で、子どもたちには車中からの景色よりも駅弁のほうがうれしかったようだね。

見た目の美しさを楽しむよりも、実際に役立つもののほうがいいというたとえ。

□ 2758

先んずれば人を制すで、一番乗りで試合会場に入ろうよ。

人より先に行動すれば、優位に立つことができる。

□ 2759

良薬は口に苦しだけど、先生の話はきちんと聞きなさい。

ためになる他人の忠告は、素直に聞けないものだというたとえ。

□ 2760

ようやく書き上げた作文がしめ切りに間に合わなくて、**骨折り損のくたびれもうけ**だった。

苦労しても何の成果も上がらず、くたびれるだけで終わってしまうこと。

□ 2761

品物を置く場所がなく、あわてて倉庫を借りるという、**どろぼうをとらえて縄（なわ）をなう**状態だった。

準備ができていないうちに事が起き、あわてて対応する。

□ 2762

音楽に興味のない彼には、コンサートのチケットも**猫（ねこ）に小判**だね。

価値がわからない者に貴重なものを与えても、何の役にも立たないこと。

□ 2763

彼女はすばらしい人だけど、**水清ければ魚住まず**で、あまり人気がない。

行いが立派で心がきれいすぎる人のところには、かえって人が寄りつかない。

□ 2764

お金にルーズな人に会計を任せるのは、**猫（ねこ）にかつおぶし**だ。

過ちが起こりやすい状況であること。危なっかしくて安心できないこと。

□ 2765

蓼（たで）食う虫も好き好きで、彼女はみみずの観察が趣味（しゅみ）だそうだ。

好みは人それぞれである。

□ 2766

昨日つれたからといって、**柳（やなぎ）の下にいつもどじょうはいない**んじゃないかな。

偶然うまくいったからといって、同じ方法でいつもうまくいくとは限らない。

□ 2767

君のやり方は、**木によりて魚を求む**ようなものだよ。方法を考えたらどうだ。

手段や方法を間違えると、努力しても成功の見込みはない。

□ 2768

彼が今の地位にあるのは、まさしく**蛍雪（けいせつ）の功**によるものだ。

苦労を重ねて学問にはげみ、成功をとげること。

2769
先生にしかられても、まるっきり**蛙(かえる)の面に水**だね。
何をされても平気なようす。

2770
昨日も聞いたが、今日も確認して**念には念を入れ**なさい。
注意した上にも注意せよ。重ねて用心せよ。

2771
なくて七癖(ななくせ)、彼はあせると耳をひっぱる癖(くせ)があることに気づいた。
癖がないように見える人でも、何か癖を持っているということ。

2772
口から出まかせを言ったら、**うそから出たまこと**でその通りになった。
うそや冗談(じょうだん)で言ったことが、偶然にも本当になってしまうこと。

2773
試合に勝ったとき、監督(かんとく)が泣いていた。**鬼の目にも涙**だ。
冷酷(れいこく)な人でも優しい態度をとることがあるというたとえ。

2774
優勝するには、**背水の陣**でこの試合に臨まなければならない。
あとがない状況の中で、決死の覚悟(かくご)で事に当たること。

2775
最新の機器で病気が発見できても、治療(ちりょう)が後回しになるのでは、**仏作って魂入れず**だ。
せっかく完成させても、いちばん大事なところがぬけていること。

2776
よく気をつけないと、**しかを追う者は山を見ず**ということになってしまうよ。
一つのことに夢中になり、他をかえりみる余裕がないことのたとえ。

2777
ピアノも勉強もできる彼女は、**出るくいは打たれる**ことを心配して、おとなしくしている。
才能がある人は周囲から嫉妬(しっと)される。でしゃばりは非難される。

2778
能ある鷹(たか)は爪を隠すで、彼は成果を誇(ほこ)ることはしないが、いつもきちんと仕事をする。
優れた実力や才能の持ち主は、むやみにそれを見せつけるようなことはしない。

2779
「**三つ子の魂(たましい)百まで**」というから、幼いときの教育は大切だ。
幼いときの性質は一生変わらないということ。

2780
多くの人と知り合うが、真の友人は**九牛の一毛**といってもよい。
たくさんの中で、ほんの少しであることのたとえ。

2781
社長の言葉に疑問を持ったが、**長い物には巻かれろ**で、言われたとおりにした。
権力や勢力のある者には、逆らわずに従うほうが得である。

2782
のどもと過ぎれば熱さを忘れるで、あれだけ注意したのに宿題もせず遊び回っている。
苦しいときが過ぎれば、そのときの苦痛も受けた恩も、簡単に忘れてしまう。

2783
君子危うきに近寄らずで、彼の機嫌(きげん)が悪そうなので、話しかけずにおこう。
立派な人は、危険なことにははじめから近寄らない。

2784
実力をつけないと、**鵜(う)のまねをする烏(からす)**でしかないよ。
自分の能力をわきまえず、有能な人のまねをして失敗することのたとえ。

レベルB
書き
読み
慣用句
ことわざ
四字熟語
類義語
対義語
同音異義語
同訓異字

□ 2785
兄は、すもうに一意専心（いちいせんしん）している。
ひたすら集中すること。

□ 2786
観客は点が入るたびに一喜一憂（いっきいちゆう）している。
喜んだり心配したりして落ち着かないこと。

□ 2787
どんな相手でも、彼は大胆不敵（だいたんふてき）に向かっていく。
度胸があり、おそれないこと。

□ 2788
一念発起（いちねんほっき）して、明日からは早寝（はやね）早起きをする。
心を改めて事をなしとげようと決心すること。

□ 2789
新しい研究なので、暗中模索（あんちゅうもさく）で進めるしかない。
手がかりもなく、あれこれ探し求めること。

□ 2790
就職活動に失敗し、自暴自棄（じぼうじき）になる。
やけになること。

□ 2791
社長の言うことは朝令暮改（ちょうれいぼかい）で、社員は迷惑（めいわく）している。

規則や方針がころころ変わること。

□ 2792
一斉捜査（いっせいそうさ）で、悪党どもを一網打尽（いちもうだじん）にした。
一度に全部捕（つか）まえること。

□ 2793
写真家の彼は、年中、南船北馬（なんせんほくば）の生活だ。
あちこちと忙（いそが）しく旅行すること。

□ 2794
起承転結（きしょうてんけつ）がはっきりした作文はわかりやすい。
物事や文章を正しく組み立てる構成。

□ 2795
彼は海千山千（うみせんやません）だから、油断してはいけない。
世の中を知りつくした、ずるがしこい人。

□ 2796
クラス全員が異口同音（いくどうおん）に彼をほめた。
みんなが同じことを言うこと。

□ 2797
日本と中国は、一衣帯水（いちいたいすい）の関係だ。
両者の位置が非常に近いこと。

□ 2798
いつも一攫千金（いっかくせんきん）の夢ばかりみている。
一度にたやすく大金をもうけること。

□ 2799
祖母の日課は、花鳥風月（かちょうふうげつ）を友として散歩をすることだ。
美しい自然の景色。

□ 2800
委員長は、一刀両断（いっとうりょうだん）でクラスの問題を解決した。
思い切って物事を処理すること。

2801
今回のゲームは**悪戦苦闘**（あくせんくとう）の連続だ。
強敵を相手に苦しい戦いをすること。

2802
彼は**品行方正**（ひんこうほうせい）な男性で、信頼できる。
行いや心が正しいこと。

2803
宿題という**大義名分**（たいぎめいぶん）で、家の手伝いを断ることができた。
行動に対してのだれもが納得する理由。

2804
彼は**一言居士**（いちげんこじ）だから、きっと何か言うはずよ。
何事にも一言口出ししないと気がすまない人。

2805
先生にしかられ、彼は**意気消沈**（いきしょうちん）していた。
元気をなくしてしょげること。

2806
先月けんかして以来、二人は**一触即発**（いっしょくそくはつ）の状態が続いている。
危機に直面していること。

2807
彼によほど腹が立っていたのか、彼女は**悪口雑言**（あっこうぞうごん）を浴びせた。
さまざまにののしること。

2808
九回裏に**起死回生**（きしかいせい）のアイデアで新商品がヒットした。
危機的状況（じょうきょう）から一気に立ち直ること。

2809
長かった裁判が終わり、**青天白日**（せいてんはくじつ）の身となった。
やましいことがまったくないこと。

2810
三寒四温（さんかんしおん）の気候だから、春はもうすぐだね。
冬の時期、三日間寒い日が続き、次の四日間暖かい日が続く気象。

2811
人との出会いは**一期一会**（いちごいちえ）なので、大事にしていこう。
一生に一度の出会い。

2812
迷ったときには、**温故知新**（おんこちしん）を実行するとよい。
過去のことがらを研究して、新しい意味を見いだすこと。

2813
評判の漫才（まんざい）を聞きに来たが、**竜頭蛇尾**（りゅうとうだび）に終わった。
初めの勢いが、あとになるとなくなること。

2814
この問題は、学校、保護者、地域が**三位一体**（さんみいったい）となって取り組むべきだ。
三者が心を合わせること。

2815
自立とは、**独立独歩**（どくりつどっぽ）の精神を育てることだ。
他人に頼らず、自分の思うとおりに行動すること。

2816
疑心暗鬼（ぎしんあんき）の心で見るから、自分がきらわれているように思えるのさ。
疑い出すとすべてが信じられなくなること。

2817
今の時代は、取捨選択(しゅしゃせんたく)して情報を得ることが大切だ。
不必要なものを捨て、必要なものを選ぶこと。

2818
一刻千金(いっこくせんきん)に値する、とてもすばらしいコンサートだった。
わずかな時間がとても貴重であるたとえ。

2819
政治家として一世一代(いっせいちだい)の演説だった。
一生にたった一度のこと。

2820
バイトに熱中して学業がおろそかになっては、本末転倒(ほんまつてんとう)だ。
重要なこととそうでないことを取りちがえること。

2821
なまけていたんだから、受験に失敗したのも因果応報(いんがおうほう)だ。
前に行ったことの報いがあること。

2822
三日間、不眠不休(ふみんふきゅう)で復旧作業に当たる。
休まずに事に当たること。

2823
交通事故で、半死半生(はんしはんしょう)の目にあった。
今にも死にそうな状態。

2824
用意周到(よういしゅうとう)に計画を立てたのだから、会議もうまくいくだろう。
準備が十分に行き届いている様子。

2825
好きなテレビ番組を見ようと、電光石火(でんこうせっか)で下校した。
非常に短い時間。動作が素早いこと。

2826
台風、地震(じしん)などの天変地異(てんぺんちい)が続き、不安は増すばかりだ。
自然界の異変。

2827
広大無辺(こうだいむへん)の宇宙に浮かぶ、美しい地球の写真。
広くて果てしがないこと。

2828
一知半解(いっちはんかい)の知識では、到底お客様に説明できないよ。
十分に理解していないこと。

2829
子どもだからといって、傍若無人(ぼうじゃくぶじん)な行動を許してはおけない。
勝手気ままにふるまうこと。

2830
この本は、群集心理(ぐんしゅうしんり)と個人の意識のちがいがわかり、非常に興味深い。
大勢の人がいる中で生じる、特殊な心理状態。

2831
三拝九拝(さんぱいきゅうはい)して、姉に洋服を借りた。
何度も人に頼むこと。

2832
この小説は、奇想天外(きそうてんがい)なストーリーが魅力(みりょく)だ。
考えがきばつであること。

2833
習字がうまく書けたのに自分の名前が雑では、**画竜点睛（がりょうてんせい）**を欠いているよ。
最後の仕上げの大事な部分。

2834
ビル火災ではしご車に救出され、**九死一生（きゅうしいっしょう）**の経験をした。
危険な状態から命拾いをすること。

2835
お祭りの後に**牛飲馬食（ぎゅういんばしょく）**して、今日は調子が悪い。
大量に飲んだり食べたりすること。

2836
不景気が続き、我が社は**危急存亡（ききゅうそんぼう）**のときだ。
危険がさしせまった、運命の分かれ目。

2837
勝利投手が、**喜色満面（きしょくまんめん）**でインタビューを受ける。
喜びが顔いっぱいに表れる様子。

2838
今回の応募（おうぼ）作品は**玉石混淆（ぎょくせきこんこう）**だ。
良いものと悪いものが混じっていること。

2839
経営者は、何事にも**首尾一貫（しゅびいっかん）**した姿勢で臨むべきだ。
考えや態度がずっと変わらないこと。

2840
今回に限り、**呉越同舟（ごえつどうしゅう）**、ライバル同士が手を組むことになった。
敵味方が協力し合うこと。

2841
集合場所に、**三三五五（さんさんごご）**みなが集まってきた。
少しずつまとまっている様子。ちらほらと散らばっている様子。

2842
優勝作品には、他にない**創意工夫（そういくふう）**が見られる。
よい方法をあれこれ考えること。

2843
この研究が成功するまでは、**試行錯誤（しこうさくご）**の連続だった。
解決のためにいろいろな方法を試すこと。

2844
彼の**朝三暮四（ちょうさんぼし）**の話を見ぬけないとは、冷静さを失っていたようだ。
言葉たくみに人をだますこと。

2845
彼の**縦横無尽（じゅうおうむじん）**の活やくが、優勝につながった。
思う存分に動き回ること。

2846
店が雑誌に紹介され、連日、**千客万来（せんきゃくばんらい）**のにぎわいだ。
多くの客が次々にやってくること。

2847
上級者の彼は、スキーを**自由自在（じゆうじざい）**にあやつっている。
思うままにできる様子。

2848
家の前の道路は、**四六時中（しろくじちゅう）**、車の行き来が絶えない。
一日中。

□2849 天気＝天候
□2850 単純＝簡単
□2851 平易＝容易
□2852 外国＝異国
□2853 音信＝消息
□2854 不平＝不満
□2855 死去＝他界
□2856 返事＝応答
□2857 運命＝天（宿）命
□2858 改善＝改良（修）
□2859 故郷＝郷里
□2860 救《きゅう》援《えん》＝救助

□2861 未来＝将来
□2862 動作＝挙（作）動
□2863 内容＝実質
□2864 休養＝静養
□2865 不足＝欠乏《ぼう》
□2866 改正＝修（訂）正
□2867 規則＝規定
□2868 均《きん》衡《こう》＝平等
□2869 改革＝革新
□2870 原始＝未開
□2871 完全＝無欠
□2872 親切＝厚意

□2873 失意＝失望
□2874 帰郷＝帰省
□2875 広告＝宣伝
□2876 留守＝不在
□2877 一生＝終生
□2878 日常＝平生
□2879 光景＝風景
□2880 刊行＝出版
□2881 自立＝独立
□2882 苦労＝苦心
□2883 信用＝信頼
□2884 以後＝以降

□2885 書面＝手紙
□2886 大切＝重要（大）
□2887 効能＝効用
□2888 所持＝所有
□2889 著名＝有名
□2890 順調＝好調
□2891 祖国＝母国
□2892 使命＝任務
□2893 真実＝真相（理）
□2894 成就＝達成
□2895 出世＝立身
□2896 志願＝志望

2897 感情↕理性
2898 横断↕縦断
2899 多様↕画一
2900 軽視↕重視
2901 田舎↕都会
2902 過失↕故意
2903 起点↕終点
2904 可決↕否決
2905 一般↕特殊
2906 進化↕退化
2907 運動↕静止
2908 空間↕時間

2909 不利↕有利
2910 決算↕予算
2911 赤字↕黒字
2912 精神↕肉体
2913 延長↕短縮
2914 具体↕抽象
2915 決定↕未定
2916 起立↕着席
2917 公開↕秘密
2918 異常↕正（通）常
2919 減少↕増加
2920 自力↕他力

2921 後退↕前進
2922 欠点↕美（利）点
2923 悪意↕善意
2924 個人↕社会
2925 原則↕例外
2926 革新↕保守
2927 損害↕利益
2928 興奮↕冷静
2929 合成↕分解
2930 円満↕不和
2931 悲観↕楽観
2932 子孫↕祖先

2933 陰《いん》気《き》↕陽気
2934 質疑↕応答
2935 実物↕模型
2936 勝利↕敗北
2937 往信↕返信
2938 単純↕複雑
2939 特別↕普通
2940 垂直↕水平
2941 出発↕到着
2942 差別↕平等
2943 創造↕模倣《ほう》
2944 節約↕浪《ろう》費

2945	**コウセイ**な判断だ。	公正
2946	**コウセイ**に残る作品。	後世
2947	作文の**コウセイ**を考える。	構成
2948	福利**コウセイ**を見直す。	厚生
2949	文字の**コウセイ**をする。	校正
2950	勝利の**セイサン**がある。	成算
2951	借金を**セイサン**する。	清算
2952	運賃を**セイサン**する。	精算
2953	受験の**ジキ**をむかえる。	時期
2954	反撃《はんげき》の**ジキ**をうかがう。	時機
2955	**シュウシュウ**がつかない。	収拾
2956	情報を**シュウシュウ**する。	収集
2957	上司の**シジ**に従う。	指示
2958	彼《かれ》の意見を**シジ**する。	支持
2959	有名な音楽家に**シジ**する。	師事
2960	サーカスの**コウエン**を見に行く。	公演
2961	子役の**コウエン**に感動する。	好演
2962	有名作家の**コウエン**会。	講演
2963	スイスは**エイセイ**中立国だ。	永世
2964	**エイセイ**に気をつける。	衛生
2965	気象**エイセイ**を打ち上げる。	衛星
2966	**イギ**を唱える。	異議
2967	**イギ**のある発見。	意義
2968	同音**イギ**の言葉を集める。	異義

2969	作り方を**アヤマル**。	誤る
2970	自分のミスを**アヤマル**。	謝る
2971	問題の解決を**ハカル**。	図る
2972	時間を**ハカル**。	計る
2973	体重を**ハカル**。	量る
2974	正しい長さを**ハカル**。	測る
2975	こわれた時計を**ナオス**。	直す
2976	病気を**ナオス**。	治す
2977	服装を**トトノエル**。	整える
2978	旅行の費用を**トトノエル**。	調える
2979	よい結果を**ウム**。	生む
2980	子どもを**ウム**。	産む
2981	席を**タツ**。	立つ
2982	マンションが**タツ**。	建つ
2983	消息を**タツ**。	絶つ
2984	酒を**タツ**。	断つ
2985	布を**タツ**。	裁つ
2986	ノートに**ウツス**。	写す
2987	皿に料理を**ウツス**。	移す
2988	鏡に姿を**ウツス**。	映す
2989	粘土《ねんど》細工を**ツクル**。	作る
2990	船を**ツクル**。	造る
2991	よく**キク**薬。	効く
2992	よく気が**キク**。	利く

2993	あの事件は**メイキュウ**入りだ。	迷宮
2994	海外での動きに**コオウ**する。	呼応
2995	試合の**ズイショ**に好プレーを見せた。	随所
2996	受験が迫《せま》り**ショウソウ**感にかられる。	焦燥
2997	壁面《へきめん》の**トソウ**工事をする。	塗装
2998	人生は未知との**ソウグウ**である。	遭遇
2999	カードを**フンシツ**して困った。	紛失
3000	ふとんを**アッシュク**してまとめる。	圧縮
3001	予定通り計画を**スイコウ**する。	遂行
3002	引退後の**キョシュウ**が注目される。	去就
3003	全員の意見を**カンアン**して決める。	勘案
3004	近所の**ザッカ**屋で買い物する。	雑貨
3005	**ケビョウ**を使って休む。	仮病
3006	国会が証人を**カンモン**する。	喚問
3007	彼《かれ》らは**ボウギャク**の限りを尽《つ》くした。	暴虐
3008	墓場では**モウジャ**の声が聞こえるようだ。	亡者
3009	自ら**ボケツ**を掘《ほ》ってしまった。	墓穴
3010	**カクチョウ**の高い文章を味わう。	格調
3011	鉄道**ウンチン**の改定があった。	運賃
3012	人生の**キロ**にさしかかる。	岐路
3013	このままでは落選は**ヒッシ**だ。	必至
3014	優れた才能と**ヨウシ**を兼備《けんび》している。	容姿
3015	せりふを忘れてしばらく**ゼック**した。	絶句
3016	県から市へ**イカン**された仕事だ。	移管

3017	入学希望者が定員を**チョウカ**する。	超過
3018	店内での大声は営業**ボウガイ**だ。	妨害
3019	銅像の**ジョマク**式があった。	除幕
3020	改革を説く論文に**ケイハツ**された。	啓発
3021	税金の**シンコク**を済ませた。	申告
3022	いちょうは**ラシ**植物である。	裸子
3023	洋上から海底の**タンサ**をする。	探査
3024	ピアノの**バンソウ**で合唱した。	伴奏
3025	一点を**ギョウシ**する。	凝視
3026	時間は**ゲンシュ**するべきだ。	厳守
3027	金銭の**ジュジュ**があったようだ。	授受
3028	意表を突《つ》いた攻撃《こうげき》に選手は**ドウヨウ**した。	動揺
3029	定年後は臨時職員として**コヨウ**された。	雇用
3030	先生が生徒の作文を**テンサク**する。	添削
3031	機構改革は**シュウチ**の事実だ。	周知
3032	相手方の申し出を**ショウダク**した。	承諾
3033	就任祝いの**エンセキ**を設ける。	宴席
3034	彼《かれ》は金銭に関して**ケッペキ**な人だ。	潔癖
3035	バラの花が甘い**ホウコウ**を放つ。	芳香
3036	相手に**イシャリョウ**を請求《せいきゅう》する。	慰謝料
3037	選挙で大いに勢力を**シンチョウ**した。	伸張
3038	他社の製品を**モホウ**したものが出回る。	模倣
3039	箱のふたを**ネンチャク**テープでとめる。	粘着
3040	**カレイ**な舞《まい》が演じられた。	華麗

3041	**シュッショ**進退を明らかにする。	出処
3042	従来からの**カンコウ**に従う。	慣行
3043	コードが劣化《れっか》して**ロウデン**した。	漏電
3044	話し合って**オンビン**に済ませた。	穏便
3045	胸に**キョライ**する恩師への思い。	去来
3046	ビタミンCが**ケツボウ**している。	欠乏
3047	手先の**キヨウ**な職人だ。	器用
3048	名人位の**ソウダツ**戦を繰《く》り広げる。	争奪
3049	さけびたい**ショウドウ**にかられた。	衝動
3050	夏物は**ナンド**にしまっておこう。	納戸
3051	流れるような筆づかいに**カンタン**する。	感嘆
3052	情報の**タイハン**は事実だと思われる。	大半
3053	母は日本舞踊《ぶよう》の**シショウ**をしている。	師匠
3054	両国は**メイヤク**を結んでいる。	盟約
3055	**ランオウ**は栄養分に富む。	卵黄
3056	新聞社に**トクメイ**の投書が届いた。	匿名
3057	**カンジュク**したトマトが市場に出る。	完熟
3058	著者の**リャクレキ**を巻末に記す。	略歴
3059	**コウカイ**先に立たず	後悔
3060	非常食を**ケイタイ**して山に入る。	携帯
3061	代表になった選手を**ゲキレイ**する。	激励
3062	新たな問題が**テイキ**された。	提起
3063	**ザンジ**お休みをとってください。	暫時
3064	A社の**ケイレツ**に属する会社だ。	系列

3065	みんなで真剣《しんけん》に**トウギ**を続けた。	討議
3066	新学期が始まりクラブの部員を**カンユウ**する。	勧誘
3067	行政改革の**タイコウ**がまとまった。	大綱
3068	祖母は**サイホウ**が上手だった。	裁縫
3069	公金の**オウリョウ**が発覚した。	横領
3070	飛行機が**カッソウ**を始めた。	滑走
3071	新勢力の**タイトウ**が著しい。	台頭
3072	決勝戦で**セキハイ**した。	惜敗
3073	被害者救済の**シサク**を講じる。	施策
3074	業者に屋根の**シュウゼン**を頼《たの》む。	修繕
3075	わなは**コウミョウ**に仕組まれた。	巧妙
3076	容疑を全面的に**ヒニン**する。	否認
3077	新番組の**キカク**を練る。	企画
3078	新人選手が**トウカク**を現した。	頭角
3079	選手としての**テキセイ**を備えている。	適性
3080	**タクエツ**した語学力を仕事に生かす。	卓越
3081	**ケンブン**を広めることは大切だ。	見聞
3082	二人の交際は**ゴクヒ**だった。	極秘
3083	貧富の差の拡大を**ユウリョ**する。	憂慮
3084	実業家としての**セイカ**を高めた。	声価
3085	直ちに必要な**ソチ**がとられた。	措置
3086	**バクガ**はビールの主原料である。	麦芽
3087	リストから必要なものを**チュウシュツ**する。	抽出
3088	都心を離《はな》れ**コウガイ**に家を建てた。	郊外

3089	排《はい》ガス規制に**テキゴウ**している。	適合
3090	**ユウゲン**な趣《おもむき》の水墨画《すいぼくが》だ。	幽玄
3091	青春の**アイカン**を描《えが》いた映画だ。	哀感(歓)
3092	入場を制限して混雑を**カンワ**する。	緩和
3093	審議会《しんぎかい》が**トウシン**をまとめた。	答申
3094	数か月は**タイザイ**する予定です。	滞在
3095	この地方は**ヨウサン**業が盛んだった。	養蚕
3096	この状況《じょうきょう》を**ダカイ**する方法を考える。	打開
3097	山を庭の**シャッケイ**として取り入れる。	借景
3098	これは**カンカ**できない問題だ。	看過
3099	**キンコツ**たくましい青年だ。	筋骨
3100	火災予防の標語を**ボシュウ**する。	募集
3101	小説家が**チョサク**にふける。	著作
3102	物語の主人公は**カクウ**の人物だ。	架空
3103	**クツジョク**的な大敗を喫《きっ》した。	屈辱
3104	相手の気持ちを**スイサツ**する。	推察
3105	心身の**タンレン**に努める。	鍛錬
3106	新しい仕事が**キドウ**に乗る。	軌道
3107	話は**カキョウ**に入ってきた。	佳境
3108	彼《かれ》の**ドクゼツ**にはあきれる。	毒舌
3109	朝から**コナユキ**が舞《ま》う。	粉雪
3110	地震《じしん》のために道路が**スンダン**された。	寸断
3111	牛馬を**シエキ**にかり出す。	使役
3112	子どものように**ムジャキ**に遊ぶ。	無邪気

3113	寒さで水道管が**ハレツ**した。	破裂
3114	アルバムを見て**カンショウ**にひたる。	感傷
3115	この手術には**ユケツ**が必要だ。	輸血
3116	**ウモウ**のふとんは軽くて暖かい。	羽毛
3117	**ホウヨウ**力のある人物だ。	包容
3118	お客様に**ソソウ**のないように。	粗相
3119	他人を**チュウショウ**してはいけない。	中傷
3120	今回の出来事は**ツウコン**の極みだ。	痛恨
3121	みんなの期待を**イッシン**に集める。	一身
3122	当方の実情をご**ケンサツ**ください。	賢察
3123	商標を**トッキョ**庁に申請した。	特許
3124	温暖化で**セイタイケイ**が破壊《はかい》される。	生態系
3125	**エンカク**地からの通学は大変だ。	遠隔
3126	いつまでも**セイカン**しているゆとりはない。	静観
3127	ゴッホの絵画に**シンスイ**している。	心酔
3128	厳しい訓練で**コンジョウ**をつける。	根性
3129	**キショウ**の荒《あら》い犬です。	気性
3130	母は**ブヨウ**の練習をしている。	舞踊
3131	海にボートが**ヒョウリュウ**した。	漂流
3132	高熱が続いて身体が**スイジャク**した。	衰弱
3133	共同開発の契約《けいやく》を**テイケツ**した。	締結
3134	**マイゾウ**文化財の発掘《はっくつ》に参加する。	埋蔵
3135	因果関係が**リッショウ**された。	立証
3136	熱帯雨林は**シツジュン**な気候が特色だ。	湿潤

3137	**ソウジ**形に関する問題が出た。	相似
3138	後片付けは**シゴク**当たり前のことだ。	至極
3139	早く片付けるように**サイソク**する。	催促
3140	図書館で貴重な資料を**エツラン**する。	閲覧
3141	荒《あ》れ地を**カイコン**して果樹園にする。	開墾
3142	アルコールは透明《とうめい》な**エキタイ**である。	液体
3143	難局に**カンゼン**と立ち向かう。	敢然
3144	社長の**ケッサイ**を仰《あお》ぐ。	決裁
3145	往時を**カイコ**して感慨《かんがい》にふける。	回顧
3146	初めに**キチョウ**講演があった。	基調
3147	会費を書留で**ユウソウ**する。	郵送
3148	葉の裏面には**キコウ**がある。	気孔
3149	**ゼンゴサク**を講じる必要がある。	善後策
3150	事件の**リンカク**が明らかになる。	輪郭
3151	職場では**キリツ**を正しく守る。	規律
3152	建造物使用の権利を**ジョウト**する。	譲渡
3153	支店に単身で**フニン**する。	赴任
3154	**ヤライ**の雨もすっかりやんだ。	夜来
3155	情勢の**スイイ**を見守る。	推移
3156	犯人は物陰《ものかげ》に**センプク**していた。	潜伏
3157	飛行機の**ツイラク**事故が起きた。	墜落
3158	連合軍が全権を**ショウアク**した。	掌握
3159	**ヨクヨウ**をつけて朗読する。	抑揚
3160	決意してそれを**ダンコウ**した。	断行

3161 小学校の**ドウソウカイ**に出席する。
3162 皆《みな》さんの自由**サイリョウ**に任せます。
3163 動物**アイゴ**の精神を育てる。
3164 会の運営役員を**イショク**された。
3165 ヘビはカエルの**テンテキ**である。
3166 彼《かれ》は**ヨクトク**なく働く。
3167 大事な話なので**ロクオン**しておいた。
3168 祝典は**セイカイ**のうちに終わった。
3169 原簿《げんぼ》と**ショウゴウ**してみた。
3170 ホテルの**ソウゲイ**バスを利用する。
3171 時代の**チョウリュウ**が大きく変化する。
3172 人一倍努力したという**ジフ**がある。

同窓会
裁量
愛護
委嘱
天敵
欲得
録音
盛会
照合
送迎
潮流
自負

3173 私の趣味《しゅみ》は**ショウギ**とテニスです。
3174 期限切れで効力が**ショウメツ**した。
3175 大雪で山小屋が**ホウカイ**した。
3176 人生の師として**ケイボ**している。
3177 **ジュンパク**のドレスに身を包む。
3178 趣味として**ガリュウ**で絵を描《か》く。
3179 武士は**チュウギ**を重んじる。
3180 従来の方針に**ギネン**をいだく。
3181 教授は研究に**ボットウ**している。
3182 そんなに**ヒゲ**する必要はない。
3183 優れた**ケンシキ**を備えた人物だ。
3184 在庫品を**レンカ**で販売《はんばい》する。

将棋
消滅
崩壊
敬慕
純白
我流
忠義
疑念
没頭
卑下
見識
廉価

3185	木を**ケズ**って人形を作る。	削
3186	猛吹雪《もうふぶき》に**ア**って道に迷った。	遭
3187	販売の業務に**タズサ**わっている。	携
3188	音楽をきいて気を**マギ**らす。	紛
3189	**ナメ**らかな口調でしゃべる。	滑
3190	二人の意見には**ヘダ**たりがある。	隔
3191	寒さがしだいに**ユル**んできた。	緩
3192	からすは**カシコ**い鳥だといわれる。	賢
3193	あまりの見事さに心を**ウバ**われた。	奪
3194	住む家もないとは**アワ**れだ。	哀
3195	お客様を**ムカ**える。	迎
3196	生徒から**シタ**われている先生だ。	慕
3197	議長は退席を**ウナガ**した。	促
3198	友達と**サソ**いあって映画に行く。	誘
3199	祝宴《しゅくえん》に**ハナ**やいだ衣装で出席した。	華
3200	真昼をも**アザム**く明るさだ。	欺
3201	島と島とを結ぶ橋を**カ**ける。	架
3202	物陰《ものかげ》に身を**ヒソ**める。	潜
3203	人材を**ウ**もれさせるのは惜《お》しい。	埋
3204	思いを胸に**ヒ**める。	秘
3205	学問を**キワ**めるのは大変だ。	究
3206	彼の家は経済的に**マズ**しい。	貧
3207	軽はずみな一言を**ク**やむ。	悔
3208	ピアノのコンクールを**モヨオ**す。	催

- 3209 日本の夏は**ム**し暑い。 蒸
- 3210 山道で車に**ヨ**ってしまった。 酔
- 3211 陰謀《いんぼう》を**クワダ**てたが失敗した。 企
- 3212 磁石の針が北を**サ**している。 指
- 3213 病気で気力が**オトロ**えてきた。 衰
- 3214 妹を**トモナ**って遊園地に行った。 伴
- 3215 幼いころをなつかしく**カエリ**みる。 顧
- 3216 庭の植木に肥料を**ホドコ**す。 施
- 3217 事故現場へ直ちに**オモム**く。 赴
- 3218 要点を**モ**れなく書きとめる。 漏
- 3219 目が**ウル**んで前がよく見えない。 潤
- 3220 参加者を**ツノ**ってキャンプに行く。 募
- 3221 その場を**ツクロ**って立ち去る。 繕
- 3222 いつも**オダ**やかな微笑《びしょう》をたたえる。 穏
- 3223 母が日本髪《がみ》を**ユ**う。 結
- 3224 彼《かれ》は左**キ**きです。 利
- 3225 息を**コ**らして見つめる。 凝
- 3226 **タク**みな話術でみんなを引きつける。 巧
- 3227 工事の騒音《そうおん》に眠《ねむ》りを**サマタ**げられた。 妨
- 3228 選手を**ハゲ**まして応援《おうえん》する。 励
- 3229 **カロ**やかなメロディーの曲だ。 軽
- 3230 暑いので上着を**ヌ**いだ。 脱
- 3231 暗やみを**サ**いて稲妻《いなずま》が走った。 裂
- 3232 **ネバ**り強く説得する。 粘

番号	語	読み
3233	精進	しょうじん
3234	律儀	りちぎ
3235	世間体	せけんてい
3236	雑木林	ぞうきばやし
3237	対句	ついく
3238	手際	てぎわ
3239	脳裏	のうり
3240	非業	ひごう
3241	一緒	いっしょ
3242	割愛	かつあい
3243	緩和	かんわ
3244	至極	しごく
3245	車窓	しゃそう
3246	装束	しょうぞく
3247	正念場	しょうねんば
3248	神道	しんとう(どう)
3249	道化師	どうけし
3250	読経	ど(どっ)きょう
3251	半端	はんぱ
3252	模倣	もほう
3253	風呂	ふろ
3254	真似	まね
3255	卵黄	らんおう
3256	出色	しゅっしょく
3257	光沢	こうたく
3258	号泣	ごうきゅう
3259	言及	げんきゅう
3260	工夫	くふう
3261	金品	きんぴん
3262	改札	かいさつ
3263	汚点	おてん
3264	恩恵	おんけい
3265	通夜	つや
3266	殺風景	さっぷうけい
3267	光明	こうみょう
3268	行脚	あんぎゃ

3269	吹雪	ふぶき
3270	数珠	じゅず
3271	独楽	こま
3272	時化	しけ
3273	緑青	ろくしょう
3274	流転	るてん
3275	歳暮	せいぼ
3276	成仏	じょうぶつ
3277	卓越	たくえつ
3278	好物	こうぶつ
3279	合致	がっち
3280	挙行	きょこう
3281	曲解	きょっかい
3282	歌詞	かし
3283	野宿	のじゅく
3284	親潮	おやしお
3285	拡張	かくちょう
3286	相棒	あいぼう
3287	警笛	けいてき
3288	回覧	かいらん
3289	背骨	せぼね
3290	似顔	にがお
3291	遺産	いさん
3292	同盟	どうめい
3293	呼吸	こきゅう
3294	裏地	うらじ
3295	樹木	じゅもく
3296	看護	かんご
3297	豚肉	ぶたにく
3298	密集	みっしゅう
3299	縦糸	たていと
3300	探検	たんけん
3301	湯気	ゆげ
3302	官庁	かんちょう
3303	政権	せいけん
3304	批評	ひひょう

3305	筋力	きんりょく
3306	絵巻	えまき
3307	米俵	こめだわら
3308	朗読	ろうどく
3309	若気	わかげ
3310	節穴	ふしあな
3311	新芽	しんめ
3312	容姿	ようし
3313	天窓	てんまど
3314	肺臓	はいぞう
3315	団子	だんご
3316	幕府	ばくふ
3317	楽屋	がくや
3318	関取	せきとり
3319	道順	みちじゅん
3320	度胸	どきょう
3321	鋼鉄	こうてつ
3322	無欲	むよく
3323	仁術	じんじゅつ
3324	利己的	りこてき
3325	除去	じょきょ
3326	遺志	いし
3327	縦横	じゅうおう
3328	仏閣	ぶっかく
3329	出処	しゅっしょ
3330	骨子	こっし
3331	因果	いんが
3332	見識	けんしき
3333	必至	ひっし
3334	潔白	けっぱく
3335	繁茂	はんも
3336	添付	てんぷ
3337	縁故	えんこ
3338	雨垂れ	あまだ
3339	彩り	いろど
3340	滞る	とどこお

3341	察する	さっ
3342	誤り	あやま
3343	拝む	おが
3344	捨てる	す
3345	染める	そ
3346	降ろす	お
3347	修める	おさ
3348	久しい	ひさ
3349	果てる	は
3350	余り	あま
3351	耕す	たがや
3352	幼い	おさな
3353	温かい	あたた
3354	浸る	ひた
3355	被る	こうむ
3356	怖い	こわ
3357	抱える	かか
3358	汚い	きたな
3359	逃れる	のが
3360	遣わす	つか
3361	煙たい	けむ
3362	慎む	つつし
3363	絡める	から
3364	巡る	めぐ
3365	恋しい	こい
3366	救い	すく
3367	辺り	あた
3368	新た	あら
3369	報いる	むく
3370	編む	あ
3371	帯びる	お
3372	面目	めんぼく・めんもく
3373	風車	かざぐるま・ふうしゃ
3374	大家	おおや・たいか
3375	紅葉	こうよう・もみじ
3376	根本	こんぽん・ねもと

慣用句・ことわざ

□ 3377
彼の最近の仕事ぶりは、飛ぶ鳥を落とす勢いだね。
勢いが盛んな様子。

□ 3378
転校生の彼は、他人の空似というべきか、兄とそっくりだ。
血のつながりがないのに、偶然にも顔つきがよく似ていること。

□ 3379
全力をつくしたが、最後は弓折れ矢尽きて、我がチームは負けてしまった。
戦いにおいて、すべての手段を失い、完全にお手上げの状態になってしまう。

□ 3380
今度の集まりに、君の顔を貸してほしい。
人に頼まれて、会合に出たり、人に会ったりする。

□ 3381
あの選手は最近あぶらが乗って、大活躍(かつやく)だ。
調子が出てくる。仕事などがはかどる。

□ 3382
彼は参観日には借りてきた猫(ねこ)のようになる。
いつもと違って、おとなしくしていることのたとえ。

□ 3383
敵チームの裏をかいて、勝利を手にすることができた。
相手の計略を見破って、その反対の行動をとる。

□ 3384
急に後ろから肩(かた)をたたかれて、腰を抜(ぬ)かしてしまった。
とても驚く。びっくりして立てなくなる。

□ 3385
久しぶりに孫が帰省するので、矢もたてもたまらず駅まで迎(むか)えに行った。
気持ちが抑(おさ)えきれず、じっとしていられない様子。

□ 3386
絵に描いた餅(もち)にならないように、着実に実行すること。
計画だけで実現する見こみがないことのたとえ。

□ 3387
たまたまテストで百点を取ったからといって、天狗(てんぐ)になってはいけない。
得意になってうぬぼれる。

□ 3388
彼女はたいへん頭が切れる人だ。
頭の働きが鋭(するど)い。

□ 3389
①妹とけんかをして、昨日から口を利いていない。
①話をする。②人と人の間を取り持つ。

□ 3390
家族旅行がスムーズに進むよう、父はあちこちに手を回したようだ。
物事がうまくいくよう、前もってひそかに手段をめぐらせておく。

□ 3391
彼は、日本各地にある名城のプラモデル作りに余念がない。
他のことは一切考えずに、そのことだけに集中して、熱心に取り組む。

□ 3392
彼の勝手な言い分には、開いた口がふさがらなかった。
あきれてものが言えない。

3393
練習の成果で、**息が合う**ようになってきた。
互いの気持ちや調子がぴったり合う。

3394
彼も悪党どもと**同じ穴のむじな**だったのね。
悪い仲間であることのたとえ。

3395
ビル建設に対する抗議(こうぎ)の**矢面に立た**された。
相手の批判や抗議などを直接受ける立場に立つ。

3396
迷惑(めいわく)ばかりかけて、お母さんは**肩身が狭い**わ。
世間の人に対して引け目を感じる。

3397
兄もそうだが、父はそれに**輪をかけ**てせっかちだ。
物事がいっそうおおげさになる。

3398
交渉(こうしょう)でつまずき、**白紙にもどさ**ざるを得なくなった。
何もなかった元の状態にする。

3399
明日の遠足が楽しみで、宿題が**手につかない**。
他のことが気になって、するべきことに集中できない。

3400
①試合で優勝したし、懸賞(けんしょう)にも当選したし、まさに**両手に花**だった。
①よいものを、一度に二つ手に入れること。②男性の左右に女性がいること。

3401
この商品の人気は**うなぎ登り**だ。
物価・温度・評価などがぐんぐん上がること。

3402
あの二人は**水と油**で、いつもけんかばかりしているなあ。
性質が違うために、互いに気が合わないこと。

3403
試験の結果を待つだけだ。今のぼくは、まさに**まないたの鯉**といったところだ。
相手のなすがままになるしかないこと。

3404
頭を冷やして、もう一度出直しなさい。
冷静さを取りもどす。

3405
おこっているのにからかったりしたら、**火に油を注ぐ**ようなものだよ。
勢いのあるものに、さらに勢いをつける。

3406
やられっぱなしだったが、やっと**一矢(いっし)を報いる**ことができた。
相手の攻撃(こうげき)に対して、わずかながら反撃する。

3407
弟が遊んでばかりいて母に怒(おこ)られたが、僕にとっては**対岸の火事**だ。
ある人には大変な出来事でも、自分には無関係なため、痛みを感じないこと。

3408
うそがばれて、**墓穴を掘っ**てしまった。
自分が不利な状況(じょうきょう)になる原因を、自ら作ってしまう。

□ 3409
これは発売後もずっと売れ続けている**息が長い**商品だ。

一つのことが長く続く。

□ 3410
彼は**腕が立つ**弁護士だと評判だ。
技術や能力が優れている。

□ 3411
有名な演出家の目にとまって次の舞台(ぶたい)の主役に決まり、**流れにさおさす**ことになった。

好都合なことが起こって、物事がうまく進む。

□ 3412
新興住宅地に、**雨後のたけのこ**のように商店ができた。

似たような物事が続いて現れることのたとえ。

□ 3413
よく効くと評判の新薬は、**両刃(もろは)の剣**で、副作用にも注意しなくてはならない。

一方では恩恵(おんけい)を受けるが、他方では傷つくおそれもあること。

□ 3414
今日のボウリングは、ぼくの**独壇場(どくだんじょう)**だった。

その人だけが思ったように活躍(かつやく)できる場面。独り舞台。

□ 3415
せっかくの好意が**裏目に出**て、彼女をおこらせてしまった。
よかれと思ってやったことが、逆の結果になる。

□ 3416
彼の一言が、今までの議論に**一石を投じる**ことになった。

これまでの考え方やもののあり方について、問題を投げかける。

□ 3417
あのときのエラーが、試合の**明暗を分け**た。

幸せか不幸せか、勝ちか負けかなどが、それによってはっきり決まる。

□ 3418
やつめ、とうとう**馬脚をあらわし**たな。

いつわり隠(かく)していたものが明らかになる。

□ 3419
むしゃくしゃしてボールを蹴(け)ったら、たなの物が落ちてきて頭に当たった。**短気は損気**だね。

短気を起こすと結局は自分のためにならず、かえって損をするということ。

□ 3420
コーチが休みだから、**鬼のいぬ間に洗濯(せんたく)**で、のんびり練習しよう。

こわい人や注意する人がいない間に、のんびり楽をしようということ。

□ 3421
①「**鉄は熱いうちに打て**」の言葉どおり、我が社では若手の教育を重視してきた。
①若いうちに吸収するのがいい。②適切な時期を逃してはいけない。

□ 3422
お年玉をもらうならば、**寄らば大樹の陰**で、お姉ちゃんよりおばあちゃんだな。

頼りにするなら、大きな権力や勢力を持っている人のほうがいい。

□ 3423
彼は最近の模擬(もぎ)テストで上位を取り、**頭角を現し**た。

多くの人の中で優れた才能を発揮する。

□ 3424
彼は熱心に説明したが、ぼくはそれを**柳(やなぎ)に風**とばかりに聞き流した。

強く出る相手に逆らわず、さらりと受け流すこと。軽く相手をあしらうこと。

□ 3425

敵は烏合(うごう)の衆だ。恐れることはない。

烏(からす)の群れのように、規律のない人々の集まりのたとえ。

□ 3426

光陰矢のごとし、またたくまに卒業を迎(むか)えた。

月日のたつのが非常に早いことのたとえ。

□ 3427

近所の農家の人が育てたトマトは、ほんとにおいしい。やっぱり餅(もち)は餅屋だな。

物事にはそれぞれ専門家がいるので、その人に任せるのがよいということ。

□ 3428

やってしまったことはしかたがない。覆水(ふくすい)盆に返らずだ。

取り返しのつかないことのたとえ。

□ 3429

「暑さ寒さも彼岸(ひがん)まで」のとおり、めっきりしのぎやすくなったね。

夏の暑さも冬の厳しい寒さも、秋と春の彼岸には和らぐこと。

□ 3430

彼女は、男ばかりの野球部の紅一点だ。

多くの男性の中で、ただ一人いる女性のこと。

□ 3431

食べたのはあなたね。論より証拠(しょうこ)で、シャツにチョコレートがついているわよ。

あれこれ議論するよりも、証拠を示せばすぐに解決するということ。

□ 3432

うまく隠(かく)したつもりが、頭隠して尻隠さずだね。

一部だけを隠して、全部を隠せたと思いこんでいること。

□ 3433

試合を申しこんでくるなんて、飛んで火に入る夏の虫だ。大差で勝って思い知らせてやろう。

自分から進んで災難や危険の中に飛び込んでいくこと。

□ 3434

火のないところに煙は立たぬというから、あの話もまんざらうそではなさそうだ。

うわさが立つからには、必ず何らかの原因があるはずだということ。

□ 3435

「木を見て森を見ず」ということにならないよう、全体にも目を向けよう。

小さいことばかり気にしていては、全体を見失うこと。

□ 3436

中学校の制服を試着した兄に「馬子にも衣装だね。」と言ったらおこられた。

整った服装をすれば、だれでも立派に見えるということ。

□ 3437

収穫(しゅうかく)の直前、だれかに掘(ほ)り返され、鳶(とんび)に油揚げをさらわれたようだ。

自分の大切なものを、突然横取りされる。

□ 3438

犬にほえられたが、今度はこわそうな人たちがいる。まさに前門の虎(とら)、後門の狼(おおかみ)だ。

困ったことから逃れたと思ったら、すぐ次の困ったことに出会うこと。

□ 3439

サッカー日本代表は、破竹の勢いで連勝を続けている。

勢いがたいへん激しく、盛んな様子。

□ 3440

人を救うためには、うそも方便ということもある。

物事を円滑(えんかつ)に進めるために、ときにはうそも許されるということ。

□ 3441
一度の失敗もないなんて、彼女の人生は順風満帆（じゅんぷうまんぱん）そのものだ。
物事が非常にうまく運ぶ様子。

□ 3442
最近の出版物はどれも同工異曲（どうこういきょく）で、目新しいものがない。
見た目はちがうが、内容はほぼ同じであること。

□ 3443
今度のテストは百点だと、大言壮語（たいげんそうご）してしまった。
おおげさに言うこと。

□ 3444
新規事業を始めるときは、利害得失（りがいとくしつ）をよく考えるべきだ。
得るものと失うもの。

□ 3445
あの部下は面従腹背（めんじゅうふくはい）だから、信用できない。
うわべは従い、内心では背くこと。

□ 3446
おいしいケーキを食べたら、悩み事が雲散霧消（うんさんむしょう）した。
跡形（あとかた）もなく消えてしまうこと。

□ 3447
無味乾燥（むみかんそう）でたいくつな映画だ。
おもしろみや味わいがないこと。

□ 3448
三日坊主（みっかぼうず）と言われないよう、朝のジョギングをがんばろう。
あきやすく、長続きしないこと。

□ 3449
彼は巧言令色（こうげんれいしょく）。愛想がいいのは選挙中だけだよ。
口先がうまく、うわべだけ取りつくろう様子。

□ 3450
傍目八目（おかめはちもく）というから、第三者的立場の彼に意見を求めてみよう。
傍観者（ぼうかんしゃ）のほうが本質がよくわかるということ。

□ 3451
時代劇には、勧善懲悪（かんぜんちょうあく）の話が多い。
善い行いをすすめ、悪い行いをした者をこらしめること。

□ 3452
鶏口牛後（けいこうぎゅうご）の言葉どおり、彼は小さな会社に入って活やくする道を選んだ。

大集団の下になるより小集団の上になるほうがよい。

□ 3453
老若男女（ろうにゃくなんにょ）が楽しめるイベントを考える。
だれも彼もみんな。

□ 3454
職業には、多種多様（たしゅたよう）なものがある。
種類が多く、さまざまであること。

□ 3455
一言半句（いちごんはんく）も聞きもらさないようにメモをとる。
ほんの少しの言葉。

□ 3456
園児たちは、興味津津（きょうみしんしん）でマジックショーを見ていた。
興味がつきない様子。

3457
久しぶりの小春日和（こはるびより）だから、散歩にでもでかけよう。
初冬のころの穏やかで暖かい天気。

3458
山川草木（さんせんそうもく）に囲まれた土地を、終（つい）のすみかとしたい。
人に対して、自然を表す言葉。

3459
高校合格の知らせに、兄は破顔一笑（はがんいっしょう）した。
にっこりと笑うこと。

3460
女性への大学の門戸開放（もんこかいほう）は歴史的なことだった。
出入りを自由にすること。制限をなくすこと。

3461
他力本願（たりきほんがん）では、そのうちみんなから信頼（しんらい）されなくなるよ。
他人の力で望みをかなえようとすること。

3462
苦労があったものの、初志貫徹（しょしかんてつ）、兄はラーメン店をオープンさせた。
最初の思いを最後まで貫（つらぬ）くこと。

3463
弟の話は支離滅裂（しりめつれつ）で、言いたいことがわからない。
話の筋が通っていないこと。

3464
彼の独断専行（どくだんせんこう）によって、計画が失敗に終わった。
自分だけの判断で勝手に行動すること。

3465
大臣の答弁が二転三転（にてんさんてん）して、国会が長引いている。
態度や発言、状況（じょうきょう）などがころころ変わること。

3466
瀬戸内海（せとないかい）沿岸は、白砂青松（はくさせいしょう）の地が多い。
美しい海岸のたとえ。

3467
二者択一（にしゃたくいつ）をせまられたが、どちらかに決めることなんかできない。
二つのことがらのうち、一つを選ぶこと。

3468
東奔西走（とうほんせいそう）して、被害状況の情報収集に努める。
あちこちかけ回ること。

3469
アルバイト代がたまったので、物見遊山（ものみゆさん）の旅に出る。
見物して遊び歩くこと。

3470
日本の政界は、離合集散（りごうしゅうさん）が激しい。
離れたり集まったりすること。

3471
子どもが近所の子にけがをさせ、平身低頭（へいしんていとう）謝った。
ひたすら謝る様子。

3472
質実剛健（しつじつごうけん）な校風のとおり、礼儀正しい生徒ばかりだ。
かざり気がなく、真面目でたくましいこと。

□3473 永続＝持(継)続
□3474 意味＝意義
□3475 実家＝生家
□3476 文化＝文明
□3477 寛《かん》大《だい》＝寛容
□3478 差異＝相違《い》
□3479 気質＝気性
□3480 拡大＝拡張
□3481 風格＝格調
□3482 辞職＝辞任
□3483 倹約＝節約
□3484 基準＝標準

□3485 先祖＝祖先
□3486 温厚＝円満
□3487 知己＝親友
□3488 進展＝発展
□3489 形勢＝進退
□3490 失礼＝無礼
□3491 異議＝異論
□3492 事前＝未然
□3493 質疑＝質問
□3494 快活＝活発
□3495 真意＝本意
□3496 推測＝推量

□3497 反《はん》抗《こう》↔服従
□3498 欠《けつ》乏《ぼう》↔豊富
□3499 手段↔目的
□3500 公用↔私用
□3501 支配↔従属
□3502 建設↔破壊
□3503 温暖↔寒冷
□3504 現象↔本質
□3505 支流↔本流
□3506 絶対↔相対
□3507 肯《こう》定《てい》↔否定
□3508 悪化↔好転

□3509 原料↔製品
□3510 親切↔冷淡
□3511 野党↔与党
□3512 西洋↔東洋
□3513 益虫↔害虫
□3514 非《ひ》凡《ぼん》↔平凡
□3515 及《きゅう》第《だい》↔落第
□3516 安易↔至難
□3517 集中↔分散
□3518 原告↔被告
□3519 地味↔派手
□3520 形式↔内容

- 3521 **グンシュウ**心理が働く。 群集
- 3522 **グンシュウ**にまぎれこむ。 群衆
- 3523 **カンシン**できない行い。 感心
- 3524 平安文化に**カンシン**を持つ。 関心
- 3525 **カンシン**にたえない事件。 寒心
- 3526 上司の**カンシン**を買う。 歓心
- 3527 病気が**カンチ**する。 完治
- 3528 私はいっさい**カンチ**していない。 関知
- 3529 ガスもれを**カンチ**する。 感知
- 3530 車を**イドウ**する。 移動
- 3531 秋に人事**イドウ**がある。 異動
- 3532 両者に**イドウ**はない。 異同
- 3533 **サイシン**のニュース。 最新
- 3534 **サイシン**の注意をはらう。 細心
- 3535 利益を**ツイキュウ**する。 追求
- 3536 責任を**ツイキュウ**する。 追及
- 3537 真理を**ツイキュウ**する。 追究
- 3538 彼《かれ》は**イシ**が強い。 意志
- 3539 **イシ**表示をする。 意思
- 3540 父の**イシ**を継《つ》ぐ。 遺志
- 3541 資本主義**タイセイ**。 体制
- 3542 無理な**タイセイ**を取る。 体勢
- 3543 受け入れ**タイセイ**が整う。 態勢
- 3544 **タイセイ**に影響《えいきょう》はない。 大勢

3545	自由**ガタ**で泳ぐ。	形
3546	最新**ガタ**の車。	型
3547	仕事の**カタ**が付く。	片
3548	学問を**キワメル**。	究める
3549	頂上を**キワメル**。	極める
3550	道理を**トク**。	説く
3551	算数の問題を**トク**。	解く
3552	絵の具を**トク**。	溶く
3553	試合に**ヤブレル**。	敗れる
3554	障子が**ヤブレル**。	破れる
3555	平和な社会を**ノゾム**。	望む
3556	湖に**ノゾム**ホテル。	臨む
3557	地《じ》震《しん》に**ソナエル**。	備える
3558	お墓に花を**ソナエル**。	供える
3559	カードを**マゼル**。	交ぜる
3560	絵の具を**マゼル**。	混ぜる
3561	東のほうを**サス**。	指す
3562	日が**サス**部屋。	差(射)す
3563	**ワザ**にキレがある。	技
3564	人間**ワザ**とは思えない。	業
3565	道が二つに**ワカレル**。	分かれる
3566	友人と**ワカレル**。	別れる
3567	彼を部長に**オス**。	推す
3568	スイッチを**オス**。	押す

- □ 3569 異**ギ**を申し立てる。 議×儀・義
- □ 3570 意**シ**の疎通《そつう》をはかる。 思×志
- □ 3571 昆虫《こんちゅう》を**カン**察する。 観×歓・勧
- □ 3572 今学期は成**セキ**が上がった。 績×積・責
- □ 3573 本番で緊《きん》**チョウ**してしまった。 張×帳
- □ 3574 **イ**員会が開かれた。 委×季
- □ 3575 **カ**学の進歩が著しい。 科×料
- □ 3576 最新の魚群**タン**知機だ。 探×深
- □ 3577 組**シキ**的に動くことにする。 織×識
- □ 3578 順調に回**フク**する。 復×複・腹
- □ 3579 **ライ**鳴が遠くに聞こえる。 雷×電
- □ 3580 私の家は私鉄**エン**線にある。 沿×浴
- □ 3581 社会から貧**コン**をなくそう。 困×因
- □ 3582 草原に牛が放**ボク**されている。 牧×枚
- □ 3583 遠い外国に**エイ**住する。 永×氷
- □ 3584 今朝は電車が**エン**着した。 延×廷
- □ 3585 郊外の賃**タイ**住宅に住む。 貸×貨
- □ 3586 今日の料理は**トク**別だ。 特×持
- □ 3587 日本の**レキ**史を学習する。 歴×暦
- □ 3588 演劇の主**ヤク**は彼に決まった。 役×投
- □ 3589 すばらしい価**チ**のある絵だ。 値×植
- □ 3590 黒**バン**に落書きをする。 板×坂
- □ 3591 炭酸**イン**料が好きだ。 飲×飯
- □ 3592 植物の化**セキ**を採取する。 石×右

3593	銀行に定期**ヨ**金をする。	預×頂
3594	渡《わた》り鳥が山**ミャク**を越《こ》える。	脈×派
3595	良**ヤク**は口に苦しという。	薬×楽
3596	生徒が**コウ**堂に集まる。	講×構
3597	選手を代表して**セン**誓《せい》する。	宣×宜
3598	姉に**エン**談があった。	縁×緑
3599	親**ゼン**大使を務める。	善×喜
3600	政**トウ**政治が行われる。	党×堂
3601	専**モン**家が解説する。	門×問
3602	**ソッ**直に意見を述べる。	率×卒
3603	野菜の**サイ**培《ばい》に力を入れる。	栽×裁
3604	これは世**キ**の大発見だ。	紀×記
3605	みんなで祝**フク**しよう。	福×副
3606	電**チ**が四本いる。	池×地
3607	正**ゴ**の時報が流れる。	午×牛
3608	兄**ダイ**三人は仲が良い。	弟×第
3609	新**ロウ**新婦の登場です。	郎×朗
3610	関**レン**する資料を集める。	連×運
3611	危**ケン**な作業を行う。	険×検
3612	ちゃんと**ヘン**事しなさい。	返×辺
3613	手術には**ユ**血が必要だ。	輸×輪
3614	自ら**ボ**穴を掘《ほ》ったようだ。	墓×暮
3615	自動車の**ウン**転を習う。	運×連
3616	山頂から**ウン**海をながめる。	雲×雪

3617	残**ショ**お見舞《ま》い申し上げます。	暑×署
3618	期**ゲン**が迫《せま》ってきた。	限×眼
3619	首位を**ダッ**回せよ。	奪×奮
3620	二十歳《さい》**ミ**満の飲酒はいけません。	未×末
3621	十分に加**ネツ**してください。	熱×熟
3622	昔は弓**ヤ**で狩《か》りをした。	矢×失
3623	若**カン**名を採用します。	干×千
3624	広大な国**ド**を持つ国だ。	土×士
3625	吹《すい》**ソウ**楽が好きです。	奏×奉
3626	夕**ハン**のおかずは何かな。	飯×飲
3627	もっと**グ**体的に言ってください。	具×貝
3628	漢**ジ**は必ず覚えよう。	字×宇
3629	辞任の理**ユウ**は何ですか。	由×田
3630	これはとても重**ヨウ**です。	要×票
3631	長い行**レツ**が続いている。	列×別・例
3632	一回で試験を突《とっ》**パ**した。	破×波
3633	今後は**ジャク**年層に期待する。	若×苦
3634	思わぬ臨時収**ニュウ**があった。	入×人
3635	彼はほんとに親**コウ**行だね。	孝×考
3636	法律の**セイ**定を要求する。	制×製
3637	政治にも**カン**心を持とう。	関×間
3638	海**テイ**の調査を行う。	底×低
3639	舞《ぶ》台《たい》の中**オウ**で演技をする。	央×史
3640	友達との**カイ**話がはずむ。	会×合

3641	未来の姿を**ソウ**像する。	想×相
3642	結婚《けっこん》式に**ショウ**待する。	招×紹
3643	**ケン**康に気をつけてください。	健×建
3644	お**カ**子を召《め》し上がれ。	菓×果
3645	入場**ケン**が必要です。	券×巻
3646	感**シャ**申し上げます。	謝×射
3647	取**シャ**選択《せんたく》してください。	捨×拾
3648	本当に**ザン**念です。	残×浅
3649	**シ**葉末節にこだわるな。	枝×技
3650	本の**テイ**裁を整える。	体×休
3651	**シン**理を追求する。	真×直
3652	あなたは命の**オン**人だ。	恩×思
3653	円の直**ケイ**を測る。	径×経
3654	もうすぐ満**チョウ**の時間だ。	潮×湖
3655	人口が減**ショウ**しはじめた。	少×小
3656	家族で**ソ**先の墓に参る。	祖×組
3657	新しく**ジュウ**居を構える。	住×往
3658	友達と**ゴ**学を勉強する。	語×話
3659	隊商が**サ**丘《きゅう》を行く。	砂×秒
3660	今日は気持ちのよい快**セイ**だ。	晴×清
3661	彼《かれ》は頭**ノウ**明せきな人だ。	脳×悩
3662	**ヘイ**会のあいさつをする。	閉×閑
3663	兄は**スウ**学を学んでいる。	数×教
3664	新しい道具を**コウ**案する。	考×老

3665	勤めていた会社を**シリゾイ**た。	退い
3666	**コロガッ**て穴に落ちる。	転がっ
3667	事件が**スミヤカ**に解決する。	速やか
3668	駅前で食堂を**イトナム**。	営む
3669	畑を**タガヤシ**て花の種をまく。	耕し
3670	薬の効果が**アラワレル**。	現れる
3671	パンくずに小鳥が**ムレル**。	群れる
3672	川の水が**イキオイ**よく流れる。	勢い
3673	番号を**タシカメ**て電話をかける。	確かめ
3674	小説家を**ココロザス**。	志す
3675	妹に服を貸すのを**コトワル**。	断る
3676	弟はよく私に**サカラウ**。	逆らう
3677	傾《かたむ》いた木を丸太で**ササエル**。	支える
3678	監督《かんとく》が選手団を**ヒキイル**。	率いる
3679	帰国して**フタタビ**外国へ行った。	再び
3680	注意されて行いを**アラタメル**。	改める
3681	野菜を**コマカク**切ってください。	細かく
3682	朝食後に**タダチニ**出発する。	直ちに
3683	私の髪《かみ》の毛は**ミジカイ**。	短い
3684	たのみを**ココロヨク**引き受ける。	快く
3685	身なりを**トトノエ**て入室する。	整え
3686	新しい方法を**ココロミル**。	試みる
3687	字は**タダシク**書きなさい。	正しく
3688	体育祭に**ソナエ**て練習する。	備え

3689 国によって習慣が**コトナル**。 異なる

3690 給油所でガソリンを**オギナウ**。 補う

3691 父の考えに**シタガウ**。 従う

3692 **アタタカイ**日ざしを浴びる。 暖かい

3693 夜道の一人歩きは**アブナイ**。 危ない

3694 終点で乗客全員を**オロス**。 降ろす

3695 **ムズカシイ**問題を解く。 難しい

3696 君の言い分は**ウタガワシイ**。 疑わしい

3697 墓参して祖先を**ウヤマウ**。 敬う

3698 夏も雪を**イタダイ**ている山。 頂い

3699 父は**ケワシイ**顔つきになった。 険しい

3700 赤の絵の具に黒が**マザル**。 混ざる

3701 サルがおりの中で**アバレル**。 暴れる

3702 **トウトイ**命を大切にする。 尊い

3703 今日のテストは**ヤサシカッ**た。 易しかっ

3704 熱を**サマス**薬を飲む。 冷ます

3705 大学で生物学を**オサメル**。 修める

3706 **ヒサシ**ぶりに実家へ帰った。 久し

3707 **オサナイ**子の手を引く。 幼い

3708 民話を表情**ユタカニ**語る。 豊かに

3709 化学の研究に情熱を**モヤス**。 燃やす

3710 案内人が見学者を**ミチビク**。 導く

3711 問題が**トケル**ようになる。 解ける

3712 渡《わた》り鳥が目に**トマル**。 留まる

3713	過ちはすぐに**アラタメ**よう。	改め
3714	手足の動きが**カロヤカダ**。	軽やかだ
3715	**キヨラカナ**流れに足を浸《ひた》す。	清らかな
3716	降雨で開会が**アヤブマ**れる。	危ぶま
3717	記事は事実に**モトヅイ**ている。	基づい
3718	山々が南北に**ツラナル**。	連なる
3719	**ウシロメタイ**気持ちになった。	後ろめたい
3720	全員の参加が**ノゾマシイ**。	望ましい
3721	責任を**ミズカラ**認めた。	自ら
3722	もうすぐ歯が**ハエル**ころだ。	生える
3723	素直に**アヤマリ**なさい。	謝り
3724	全員が合格とは**ヨロコバシイ**。	喜ばしい
3725	おもちゃを部屋中に**チラカス**。	散らかす
3726	台風は**サイワイ**東にそれた。	幸い
3727	楽しい**カタライ**のひととき。	語らい
3728	火を見るよりも**アキラカダ**。	明らかだ
3729	門は固く**トザサ**れていた。	閉ざさ
3730	**イサマシイ**行進曲が聞こえる。	勇ましい
3731	景気の動向を**サグル**。	探る
3732	部屋中に花の香りが**ミチル**。	満ちる
3733	救命活動は一刻を**アラソウ**。	争う
3734	正しい判断力を**ヤシナウ**。	養う
3735	**アイ**た席に座ってください。	空い
3736	利用者への配慮《はいりょ》に**カケル**。	欠ける

3737	市場で乾物《かんぶつ》を**アキナウ**。	商う
3738	私腹を**コヤス**とは許せない。	肥やす
3739	今年は**カナラズ**勝ってみせる。	必ず
3740	**キタル**五日は会議を開きます。	来る
3741	将《しょう》棋《ぎ》で父親を**マカシ**た。	負かし
3742	運動会の**アクル**日は雨だった。	明くる
3743	いつも笑顔を**タヤサ**ない。	絶やさ
3744	思いがけない**ワザワイ**だった。	災い
3745	不都合は**マッタク**ない。	全く
3746	式は**オゴソカニ**行われた。	厳かに
3747	髪《かみ》をリボンで**ユワエル**。	結わえる
3748	彼《かれ》は少し**アツカマシイ**。	厚かましい
3749	寄付を**シイル**ことはよくない。	強いる
3750	本当の腕前《うでまえ》が**タメサ**れる。	試さ
3751	頭から冷たい水を**アビセル**。	浴びせる
3752	**ニガリ**切った顔をしている。	苦り
3753	畑の手入れを**スマス**。	済ます
3754	子どもが**スコヤカニ**成長する。	健やかに
3755	入り江《え》に**ノゾム**漁村だ。	臨む
3756	夕焼けが西の空を**ソメル**。	染める
3757	新たに支店を**モウケル**。	設ける
3758	地元の人と親しく**マジワル**。	交わる
3759	**アツク**御礼《おんれい》申し上げます。	厚く
3760	ノーベル賞が**サズケ**られた。	授け

☆17

本書に関する最新情報は，当社ホームページにある本書の「サポート情報」をご覧ください。（開設していない場合もございます。）

中学入試／国語暗記分野 3700

編著者 小学教育研究会　発行所 受験研究社

発行者 岡本泰治　©株式会社 増進堂・受験研究社

〒550-0013 大阪市西区新町2－19－15／電話 (06)6532-1581㈹／FAX (06)6532-1588

Printed in Japan　岩岡印刷・髙廣製本

落丁・乱丁本はお取り替えします。